AF619270

ESSAI
SUR
LES EAUX
MINÉRALES-FERRUGINEUSES
DE SPA.

Par Mr. SANDBERG, Médecin auxdites Eaux.

. . . . In internos penetrans levitate recessus,
Sanguineam subiget commixto sulphure molem,
Firmabitque tonum fibris, motuque citato,
Nervosum eliciet quassato è sanguine rorem.
GEOFFROI HYGIEINE, pag. 75.

A LIEGE & à SPA,
DE L'IMPRIMERIE DE BOLLEN, FILS.

M. DCC. LXXX.

AVERTISSEMENT.

JE n'ai d'autre prétention en publiant cet Eſſai ſur nos Eaux minérales, que celle de donner quelques avis utiles aux perſonnes qui en font uſage. Je ne puis ni ne veux être Auteur. Il en eſt de la Médecine comme de la Poéſie, on naît ce que l'on doit être dans ces arts &

les plus grands efforts de génie ne produiront rien de tranſcendant, ſi vous êtes né pour la médiocrité. Je ſuis de ce nombre, & ne m'en plains pas, pourvu que je ſois utile. Les conſeils que je donne, ne ſont pas même à moi. Je les ai puiſés dans les excellents Traités de Diététique qui ont paru depuis le commencement de ce ſiecle. Je suis donc bien plutôt ici l'Editeur des idées des autres que des miennes. Il m'est arrivé plusieurs fois de rendre les pensées de l'Auteur que je consultois mot à mot, & telles qu'elles sont dans les Ouvrages d'où je les ai tirées. J'aurois cru affoiblir la beauté des Originaux en les retouchant, & manquer à des Auteurs respectables, de m'approprier leurs idées en les traveſtiſſant.

Quid verum atque decens, curo & rogo, & omnis in hoc ſum.

HORAT. Ep. I.

ESSAI

ESSAI
SUR LES
EAUX MINÉRALES
FERRUGINEUSES
DE SPA.

CHAPITRE PREMIER.

De l'utilité des Eaux minérales en général.

A Médecine ſpéculative doit beaucoup, ſans doute, à l'activité induſtrieuſe & au zele infatigable des Modernes ; les découvertes lumineuses qu'elle doit à la Physique expérimentale, les recherches profondes des Chymistes, les secours multipliés que lui fournit tous les jours l'Anatomie, ont répandu le plus grand jour sur l'économie animale.

Depuis la découverte de la circulation du sang, objet des recherches de tant de Savants de toutes les nations pendant six mille ans, & dont la gloire étoit due au travail opiniâtre du célebre Harvey, les prestiges de l'erreur sont dissipés : tout a cédé au flambeau de l'expérience ; les sources de la vie sont connues, le méchanisme admirable du corps humain cesse d'être un secret impénétrable ; & s'il manque encore quelque chose à nos connoiſſances, c'eſt que l'homme ne peut pas tout, & que ſes facultés ſont limitées.

La Médecine pratique n'eut pas beſoin de ces ſecours. L'amour de la vie, la crainte de la mort, tyran de l'ame foible & puſillanime, éclaira de bonne heure l'homme ſur le beſoin qu'il avoit de cultiver l'art de mettre ſes jours à couvert des infirmités qui le ménaçoient, & de guérir les maladies dont il avoit le malheur d'être attaqué.

Toujours agiſſante, la Médecine pratique mépriſa long-temps les dogmes de la Philoſophie; toujours jugée par les événements, c'étoit par des faits, & non par des raiſonnements, qu'elle crut devoir établir les fondements d'un art qui devoit être utile & précieux à l'humanité. Frappés des ressources étonnantes de la nature dans la conservation des individus, les Anciens s'empresserent à l'étudier. Simples spectateurs d'abord de cette sage ouvriere, toute leur science se borna à la suivre, à l'imiter dans ses procédés; uniquement occupés de cet objet, familiarisés avec la marche de leur guide fidele & invariable, ils donnerent de la consistance à une doctrine que tout portoit à croire insusceptible d'en recevoir; ils allerent même jusqu'à diriger la nature elle-même dans ses écarts, à la soutenir dans son impuissance, à deviner le bon ou le mauvais succès de ses procédés, & ils euſſent porté l'art de guérir au plus haut point de perfection, ſi toujours attachés à l'obſervation qui les avoit ſi bien ſervis, ils ne ſe fuſſent laiſſé emporter par l'eſprit de ſyſtême, & ſéduire par le brillant des hypotheſes.

Hyppocrate avoit bien prévenu tout le mal qui pouvoit naître pour la Médecine de cette fureur de vouloir tout expliquer ; c'eſt ce qui l'engagea à ſéparer cette ſcience de la philoſophie, dont il craignoit la ſéduction. Il nous précautionna contre l'illuſion, en obſervant avec cette force & avec cette énergie que donne la perſuaſion, qu'il ne falloit point chercher des principes merveilleux pour en faire la baſe de la Médecine ; que cette eſpece de liberté n'étoit accordée qu'aux arts qui étoient au-deſſus de la portée des hommes, & qui ne pouvoient être d'aucun uſage dans la ſociété; qu'il falloit marcher d'après ce qu'on avoit de connoiſſances certaines, & en déduire des connoiſſances auſſi certaines. Il l'a fait, & on peut dire que ce qu'il nous a laiſſé ſur la Médecine, eſt un tréſor inépuiſable, dont le temps a ſcellé la vérité & a fait ſentir tout le prix. (*a*)

Malheureuſement ces leçons ſages du Pere, ou plutôt du Dieu de la Médecine, furent oubliées après la mort de ce grand homme. Entraînés, ſubjugués par l'éloquence des Philoſophes, les Médecins adop-

(*a*) Lorry, Eſſais ſur les aliments, p. XIII.

terent une méthode moins pénible & plus conforme aux opinions reçues : Dialecticiens, Métaphysiciens, Physiciens, Chymistes, selon que le temps & les circonstances l'exigeoient, ils défigurerent un art qui avoit mérité des autels à ses inventeurs. Depuis cette malheureuse époque les sophismes tinrent lieu de vérités : l'amour illusoire du Prosélitisme, l'esprit d'innovation donnerent naissance aux systêmes les plus absurdes ; la pratique des anciens fut oubliée ; une épreuve de plusieurs siecles n'empêcha pas qu'on n'abandonnât leurs remedes. Les Novateurs en imaginerent une infinité, d'un ordre nouveau, insolite, périlleux même.

Revenus de ce long délire, nous avons repris le goût de l'obſervation ; nous avons abandonné les hypotheſes pour ſuivre les traces de la nature & pour épier ſes mouvements : qu'en eſt-il arrivé ? on a retrouvé l'édifice bâti par Hyppocrate préciſément au même point où ce grand homme l'avoit laiſſé ; mais du moins a-t-on acquis des matériaux immenſes & qui s'accroiſſent tous les jours : & ſur-tout a-t-on remporté de toutes ces erreurs, la conviction précieuſe que nous devons ſuivre une route nouvelle, & que nous n'en devons pas ſuivre déſormais d'autre. (*a*)

Nous avons abandonné les remedes douteux, dont le nombre

(*a*) Lorry, *ibid.* p. XVI.

nous ſurchargeoit, pour n'adopter que ceux auxquels une longue expérience avoit imprimé le ſceau de l'efficacité. Entre ceux-ci les Eaux minérales doivent tenir le premier rang ; les ſiecles les plus reculés en adopterent l'uſage, elles furent connues au pere de la Médecine ; & quelles que puiſſent avoir été les révolutions qu'a ſubi l'art de guérir, elles n'ont jamais ceſſé d'avoir la prééminence ſur toutes les reſſources qu'il employoit contre les maladies chroniques.

Compoſées par la nature dans les entrailles de la terre, leurs principes ſont ſi ſavamment combinés, que tout l'art des plus habiles Médecins ne pourra jamais parvenir à les imiter parfaitement.

La nature, dit Mr. Sauvage, nous donne libéralement ce remede, pour nous inviter à y avoir plus souvent recours dans nos infirmités : elle a épargné autant qu'il a été possible notre délicatesse, notre goût; elle a tempéré leur vertu, leur force, & les a proportionnées à une infinité de tempéraments. Nous tirons des plantes, des animaux & des fossiles bien des médicaments; mais ils ont presque tous besoin de préparations chymiques ou galéniques. Les Eaux sont un remede tout prêt. La nature, occupée ailleurs à notre nourriture ou à nos autres besoins, ne semble s'être occupée ici que du soin de notre santé. Les autres remedes sont d'un uſage dangereux, difficiles à compoſer, encore plus à manier : le moindre manquement, le moindre oubli de la part de l'Artiſte qui les prépare, les rend d'une vertu toute contraire, ſouvent vénimeuſe. Ici nous n'avons à craindre ni l'ignorance, ni l'infidélité de l'ouvrier, qui eſt le Créateur même.

Ce ſont ces qualités précieuſes qui ont mérité aux Eaux minérales la juſte célébrité dont elles jouiſſent. Tous les peuples de l'univers, ſi différents entr'eux par leurs opinions, leurs préjugés, leurs tempéraments, leurs maximes, s'accordent tous ſur les éloges qu'ils donnent à ce remede unique. Le François court à ſes

Eaux de Passy ; l'Anglois va respirer à Bath ou à Bristol : depuis le froid Moscovite, qui préconise les vertus de ses bains d'Olonitz, jusqu'au brûlant Egyptien, toutes les nations ont leurs sources salutaires, où elles vont dissiper des maladies rebelles & invétérées, & puiser dans leurs eaux le rare avantage d'une santé inaltérable.

Entre tous les lieux courus, fréquentés depuis tant de siecles, il est un endroit privilégié, dont les eaux ont effacé toutes les autres par le nombre & l'éclat des cures qu'elles ont opérées : cet endroit est Spa, dont je vais parler au Chapitre suivant.

CHAPITRE II.

Situation de Spa, nombre & ancienneté de ſes Fontaines, leur célébrité.

LE Marquiſat de Franchimont, dont le Bourg de Spa fait partie, eſt ſitué au Sud-Eſt de Liege, au 23e. degré 15 minutes de longitude, & au 50e. degré 36 minutes de latitude ſeptentrionale. La nature du ſol en général argilleuſe & ſchiſteuſe, la longueur des hivers rendus très-froids par le vent de Nord-Oueſt, qui y regne pendant ſix mois de l'année, les émanations des minéraux, & ſur-tout du fer qui ſe trouve preſque partout, rendent ce pays peu fertile.

Ce n'est que par un travail opiniâtre & à force d'engrais, qu'on peut arracher quelques productions assez médiocres à cette terre ingrate; mais en revanche l'air y est très-sain, les habitants en sont robustes, & le gibier y est excellent.

C'est à peu près au centre de ce pays peu favorisé de la nature, que Spa est situé. Entouré de montagnes qui le pressent de toute part, mais sur-tout du côté du Nord; environné de terres incultes qui en rendoient l'abord dangereux & fatiguant; ce n'est qu'aux succès étonnants qui suivirent l'administration de ses eaux, qu'il dut l'avantage d'être jadis connu & fréquenté.

L'Epoque de la découverte de ces eaux fameuſes eſt enveloppée dans les ténebres de la plus haute antiquité. Le premier Auteur qui en parle, eſt Pline, qui au livre 31 de ſon Hiſtoire naturelle, en décrit les propriétés ſous le nom de Fontaine de Tongres. Les vertus qu'il leur attribue, les détails dans leſquels il entre dans la deſcription qu'il en fait, s'accordent exactement avec les phénomenes que préſentent ies ſources de Spa, qui pouvoient être connues du temps de ce célebre Naturaliſte. (*a*)

(*a*) *Tungri civitas Galliæ fontem habet inſignem multis bullis ſtillantem, ferruginei ſaporis, quod ipſum non niſi in fine potûs intelligitur: purgat hic corpora, tertianas febres, calculorumque vitia diſcutit, eadem aqua igne admoto turbida fit, ad poſtremum rubeſcit.*

D'ailleurs, la proximité d'Aix-la-Chapelle, que les Romains chériſſoient à cauſe de ſes ſources chaudes & abondantes, peut lui avoir facilité les moyens de connoître les nôtres : & ce qui dans un cas douteux peut tenir lieu de preuve & rendre la choſe du moins probable, ſi elle ne la rend certaine, c'eſt qu'à deux petites lieues à l'Eſt de Spa, en deçà du village de Hockay, il exiſte encore des ruines d'une levée jettée par cette nation belliqueuſe, à travers les landes qui nous environnent de ce côté, & dont la direction porte ſur Aix-la-Chapelle.

C'eſt donc à tort que la Ville de Tongres voudroit ſe prévaloir de ce paſſage de Pline. Ses eaux fades

des & bourbeuſes, & qui à peine ont quelque choſe de minéral, n'ont aucune des vertus, aucune des qualités qui puſſent légitimer ſes prétentions. Guiuhiard & Fiſen, tous deux Hiſtoriens eſtimés & impartiaux, s'expriment clairement là-deſſus. Le premier, page 34 de ſon Hiſtoire de la République de Liege, ſe ſert de ces termes : Les Bourgeois de Tongres montrent une ancienne Fontaine dont l'eau eſt trouble : & ils aſſurent que c'eſt la même que Pline a décrite, & qu'elle en poſſede les vertus. Mais l'ayant fait examiner tant par les Médecins du lieu, que par des Médecins étrangers & ſavants, l'examen le plus ſcrupuleux n'y a rien trouvé qu'une eau fade &

dépourvue des qualités de la Fontaine de Pline, rapportée par Hubert Thomas. (*a*)

Fisen n'est pas moins positif. On montre, dit-il, page 9 de son Histoire de Liege, près des murs de Tongres, une Fontaine qu'on dit être celle dont Pline a parlé, malgré qu'elle soit presque tarie aujourd'hui & ses prétendues vertus évanouies. Pour moi je crois que c'est bien plutôt des eaux de Spa dont ce grand homme a fait men-

(*a*) *Hi homines, scilicet Tungrenses, monstrant in isto loco antiquum fontem, cujus aqua subturbida, eundemque cum Plinii illo esse, ac vires ei adscriptas possidere : verùm nos prævià inquisitione diligenti, consultisque aliquot non indigenis tantùm, sed exteris medicis, neque fontem Huberto Thomæ nominatum hoc loco extare, neque vires illas & facultates habere usquam invenimus.* De Leod. Republ. p. 34.

tion : d'autant qu'on ne peut douter que ce lieu n'ait été une des dépendances de cette Ville fameuſe, & que c'étoit l'uſage chez les Romains d'étendre la domination d'une Ville, non-ſeulement à ſon enceinte, mais auſſi au territoire dont ſes loix gouvernoient les habitants. (*a*)

Ces autorités, jointes aux raiſons que j'ai alléguées plus haut, ont toujours prévalu : & quels qu'aient été les efforts qu'a faits

(*a*) *Oſtentatur hodiè fons propè muros urbis quem aiunt eſſe illum à Plinio celebratum, quamquàm penè jàm aruerit, atque adeò evanuerit vis medica. Ego quidem, in Fontes Spadanos propendeo magis, quàm in Tungrorum finibus fuiſſe dubitari non poteſt..... Et civitatem appellant Scriptores Latini, non murorum dumtaxat ambitum, ſed certis legibus coactam populi multitudinem.* Fiſen, Hiſtor. Leod. p. 9.

Mr. Breſmal, pour rétablir la réputation des eaux de Tongres, ſes tentatives ont été vaines. L'analyſe qu'il en a donnée en 1701, n'a convaincu perſonne, & elles ſont reſtées dans l'oubli dont il avoit tâché de les tirer.

Si les commencements de Spa ſont ſi obſcurs ; ſi nous ne pouvons percer le voile qu'une longue ſuite de ſiecles a jetté ſur ſes premiers ſuccès, en nous rapprochant des temps où nous vivons, nous voyons ces ſources précieuſes jouir de la plus haute conſidération.

Une ancienne tradition que les habitants de ce Bourg ont conſervée ſoigneuſement, nous apprend qu'on y a vu un Roi de Danemarck & une Reine de Suede; qu'en 1576 le Duc de Nevers y vint; qu'il fut ſuivi l'année d'après par la fameuſe Marguerite de Valois, Reine de France. Un monument poſé dans l'Egliſe paroiſſiale du Bourg, atteſte que l'infortuné Henri III, Roi de France & de Pologne, en but les eaux en 1585. Henri IV, l'idole des François, ſe guérit, ſelon les Mémoires de Sully, en buvant les eaux de Spa. Charles II, Roi d'Angleterre, puiſa la ſanté dans ces ſources célebres en 1654. Enfin, comme ſi la deſtinée de ces eaux étoit de conſerver des jours précieux à l'Europe, Pierre-le-Grand y vint en 1717. Un monument qu'il y a fait placer après ſon retour dans ſes Etats, apprend à toute la terre, qu'accablé d'infirmités il trouva son salut dans ce remede merveilleux. Ce témoignage éclatant & éternel de la reconnoissance d'un Prince tel que Pierre I, est trop glorieux pour Spa pour être tû; il mérite d'être transcrit en entier : le voici avec sa traduction.

PETRUS Primus, D. G. Russorum Imperator,
Pius, felix, invictus,
Apud suos militaris disciplinæ Restitutor,
Scientiarum omnium, artiumque Proto-Sator,
Validissimâ bellicarum navium proprio marte constructâ classe, auctis ultrà finem exercitibus suis,
Ditionibus tàm avitis quàm bello

partis, inter ipſas Bellonæ flammas in tuto poſitis,

Ad exteros ſe convertit,

Variarumque per Europam gentium luſtratis moribus,

Per Galliam ac Namurcum atque Leodium,

Has ad Spadanas Aquas,

Tamquàm ad ſalutis portum pervenit,

Saluberrimiſque præſertim Geronſterici fòntis

Feliciter potis,

Priſtino robori, optatæque incolumitati

Reſtitutus fuit

Anno M. DCC. XVII, *die* XXIII *Julii.*

Reviſiſque dein Batavis,

Avitumque ad imperium re-

versus, æternum hocce gratitudinis suæ monumentum

Hìc apponi præcepit

Anno M. DCC. XVIII.

TRADUCTION.

PIERRE Premier, par la grace de Dieu, Empereur de toutes les Russies,

Pieux, heureux, invincible,

Restaurateur de la discipline militaire chez ses sujets,

Créateur de toutes les sciences & des arts dans ses Etats,

Ayant construit par la force de son génie une flotte formidable de vaisseaux de-guerre, & rendu ses armées innombrables,

Après avoir mis en sûreté ses

Etats héréditaires & les fruits de ses conquêtes,

Au milieu des horreurs de la guerre est allé chez l'étranger,

Et ayant étudié les mœurs des différents peuples de l'Europe,

Il s'est rendu par la France, Namur & Liege

Aux Eaux de Spa,

Comme à un Port de salut,

Où ayant bu avec succès ces Eaux salutaires, principalement de la source de Geronstere,

Il a recouvré ses premieres forces & une santé long-temps desirée, l'an 1717, le 23 de Juillet.

Après avoir revu les Bataves, & de retour dans son Empire,

Il a fait ériger ici ce monument éternel de sa reconnoissance l'an 1718.

Depuis cette époque, qui frappa d'admiration tout l'univers intéreſſé à la conſervation de ce Héros, les eaux de Spa ont pris l'aſcendant ſur toutes les autres eaux, qu'elles conſervent encore aujourd'hui. Chaque année a été un nouveau triomphe pour elles; ſes liſtes ſont illuſtrées des noms des premiers Princes de l'Europe; & l'année 1780 ſera à jamais chere à cet endroit, par l'honneur infini que lui fait la viſite de Guſtave III, Roi de Suede, qui y eſt ſous le nom de Comte de Haga.

Ces avantages, quelque grands qu'ils puiſſent être, Spa les partage avec d'autres endroits renommés par leurs eaux minérales. Les eaux de Forges en France, celles de Pirmont en Allemagne, & tant d'autres qu'il ſeroit trop long & ennuyeux de nommer, peuvent auſſi ſe prévaloir du mérite de l'antiquité, & du nombre des perſonnes illuſtres qui les ont fréquentées; mais une gloire qui n'appartient qu'à Spa, c'eſt d'avoir fixé la confiance des plus grands Médecins que l'Europe ait donnés depuis deux ſiecles.

Sydenham en Angleterre; Boërhave en Hollande; van Swieten à Vienne; Lorry, Tronchin, Boiſſonnier, Petit à Paris; Tiſſot à Lauſanne, tous ces grands hommes, dont le nom ſeul vaut un éloge, & dont l'autorité doit être déciſive en Médecine, ne tariſſent point ſur les qualités qu'ils donnent aux eaux minérales ferrugineuſes de Spa.

Boërhave ſur-tout, ennemi ouvert de la Poly-pharmacie, ſi réſervé, ſi timide dans l'adminiſtration des remedes même les plus accrédités, ne balance pas un inſtant de mettre ces ſources martiales au-deſſus de tous les autres remedes dans les cas les plus embarraſſants.

Si l'on donne, dit-il, ces eaux coupées avec le lait à ces perſonnes exténuées & mourantes, dont le ſang eſt appauvri, & les fibres ſi lâches qu'elles ne peuvent ſoutenir l'impreſſion du mouvement néceſſaire à la vie, ce n'eſt plus ici un remede humain, ce ſont des miracles qui s'effectuent & qui étonnent ; c'eſt une main divine qui les arrache des bras de la mort... L'art cede ici à la nature ; jamais, malgré toutes mes tentatives, je n'ai pu produire rien d'approchant : auſſi ces eaux ont toujours mérité les plus grands éloges ; & Sydenham a bien raiſon, quand il dit, que ſi, dans les maladies de nerfs opiniâtres, les autres préparations de fer ne réuſſiſſent point, il ne faut point balancer d'envoyer ces malades aux eaux de Spa. (*a*)

(*a*) *Si hæ acidulæ corporibus debiliſſimis dentur, manu quaſi divinâ inſtaurantur ; ſumant illas cum lacte recens mulcto, quod inde non coagulatur, ſed contrà diluitur. Certè hìc ſubſiſtit ars, & cedit naturæ ; nam nunquam ſimile quid ullâ ratione formare potui..... magnis encomiis ſemper celebratæ ſunt hæ aquæ, & de iis meritò, dicit Sydenhamus, quod ſi aliæ ferri præparationes morbo vincendo ſint impa-*

D'après ces grands témoignages la fortune de nos eaux a été fixée pour toujours. L'Anglois, qu'un esprit inquiet & avide de savoir arrache de bonne heure de son Isle, y perça un des premiers : il vint y déposer le vice héréditaire d'une existence foible & languissante, (*) & la reconnoissance lui en fit publier les vertus.

A cet éveil donné par une nation dont le foible n'est pas d'être prôneuse inconsidérée, l'Europe entiere y accourut en foule. L'Américain même traversa les mers pour s'y rendre. Bientôt l'enceinte

res, ægri ad Aquas Spadanas ablegari debeant. Herman. Boërhave, prælect. de morbis nervorum. Tom. I. p. 180.

(*) La consomption.

de Spa fut trop étroite pour contenir tant de monde ; les limites en furent reculées. L'habitant de Spa, doux & officieux, répondit aux vues d'un gouvernement ſage & éclairé : tandis que les Etats du pays conſtruiſoient la belle chauſſée qui conduit de Liege à ce Bourg fameux, il travailloit à l'embelliſſement de l'intérieur de l'endroit. Les chaumieres firent place à des bâtiments mieux conſtruits & plus commodes. Le Grand-Hôtel, l'Hôtel de Lorraine, le Lion-Noir, l'Orange, le Luxembourg, le Cornet, la Cour de Verſailles, le Loup, la Cour de Londres, l'Hôtel d'Autriche, l'Hôtel de Bourbon, &c. &c. ſont des bâtiments qui pourroient figurer dans les Capitales. Mais aucun de ces édifices n'approche de la magnificence & de la grandeur du Vaux-Hall & de la Redoute. Ces Palais, consacrés aux plaisirs de l'étranger, font un effet tout particulier au milieu des montagnes sourcilleuses & sauvages dont Spa est environné.

L'activité & le zele des habitants ont poussé les embellissements plus loin. Les chemins qui conduisoient aux Fontaines, étoient difficiles, souvent impraticables; la vigilance du Magistrat y a pourvu: des chaussées construites à grands frais & bordées d'arbres des deux côtés, en rendront désormais l'accès facile & agréable. Enfin il manquoit des promenades à Spa, l'industrie, soutenue par le courage, en en a établi de magnifiques. La forêt qui couronne les montagnes inacceſſibles qui dominent le Bourg du côté du Nord, eſt percée d'allées, où l'étranger, accoutumé aux beautés froides & monotones de l'art, rencontre à chaque pas la nature ſimple & majeſtueuſe, qui le tranſporte & l'étonne.

Paſſons à ce qui rend Spa infiniment plus intéreſſant; ce ſont ſes ſources minérales.

Entre un grand nombre de Fontaines qui jailliſſent tant à Spa que dans ſes environs, il en eſt ſix principales; (les cinq premieres ſont les ſeules dont on faſſe uſage) : ce ſont le Pouhon, la Sauveniere, la Groisbeck, la Géronſtere, le Tonnelet, & le Watroz.

Le Pouhon sourd au centre de Spa, & dans l'endroit le plus déclive de la place. Cette Fontaine célebre, dont il se fait des envois prodigieux tous les ans, & qui paroît être la plus ancienne des Nymphes de ce lieu, est aussi la plus abondante. Elle jaillit des fentes du rocher, dans lequel est creusé son bassin, par plusieurs jets, dont le plus considérable vient du côté du Nord-Est. Ce bassin est long, à peu près, de trois pieds un quart, large de deux pieds trois pouces, & profond de trois pieds un quart. Il contient environ quinze cent livres d'eau; l'abondance de cette source est telle, qu'en moins de trois heures on en peut renouveller les eaux.

La ſource eſt couverte d'une niche, qui par ſa ſimplicité & le mauvais goût de ſa conſtruction, ne répond guere à la réputation que cette ſource s'eſt faite par tout l'univers. L'Etranger, rempli des idées avantageuſes qu'il s'eſt formées de ces eaux, doit être dans le dernier étonnement de les voir auſſi négligées; & les Officiers municipaux, qui ont la manutention de la police, ſeroient inexcuſables à ce ſujet, ſi les dépenſes qu'on a été obligé de faire depuis quelques années, n'euſſent abſorbé les revenus de la Communauté.

La Sauveniere à laquelle pluſieurs Auteurs donnent auſſi l'avantage de l'ancienneté ſur toutes les autres ſources, eſt ſituée ſur une montagne éloignée d'une demi-lieue & à l'Est de Spa : elle naît d'un rocher qui regarde du Midi au Septentrion. Cette source est dominée du côté du Sud par les landes qui nous environnent de ce côté, qui s'étendent fort loin, & où les habitants du lieu vont chercher, dans les tourbieres qui y sont communes, de quoi se chauffer en hiver. De toutes les sources la Sauveniere est la moins abondante; son bassin est couvert d'un dôme de pierre de taille, & le tout entouré d'un parapet de même pierre.

A quelques pas de la Sauveniere est située la Groisbeck : voisine de celle-ci elle en possede les vertus; elle a de plus celles d'être éminemment diurétique & plus pétillante que l'autre. Sa niche bâtie en 1651 par le Baron de Groisbeck, tomboit de vestuté. Mr. le Marquis de Croix, dont l'épouse étoit de la famille de ce Seigneur, vient de l'orner d'une niche magnifique & digne de lui.

A trois quarts de lieue de Spa, en tirant du côté du Midi, jaillit la Géronstere ; Fontaine fameuse & unique dans son espece, précieuse par le souffre volatil & incoërcible qu'elle possede éminemment sur toutes les autres eaux minérales acidules. Cette eau d'une efficacité reconnue contre la convulsibilité des nerfs, merveilleuse dans les maladies de consomption & dans la plupart des incommodités du sexe, est contenue dans un bassin taillé dans le roc, & couverte d'un dôme soutenu par quatre colonnes de marbre rouge, qu'elle dut à la générosité du Comte Conrard de Bourgsdorff, Conseiller d'Etat de l'Electeur de Brandebourg en 1651.

Le Tonnelet trop négligé peut-être ci-devant, & devenu fameux par l'éloge qu'en a fait Mr. Tissot dans la derniere édition de son Traité de la santé des Gens de Lettres, p. 207, & par les querelles dont il a fourni le sujet entre le Docteur Lucas & Mr. de Limbourg l'ainé, est éloigné de Spa d'une demi-lieue, à quelque distance de la Sauveniere en tirant sur la gauche. Sa source abondante est contenue dans deux bassins qui se touchent : des canaux de décharge conduisent ses eaux vers un bâtiment qu'on y a construit depuis peu, & où on a établi des Bains chauds & froids, qui commencent à être en vogue, & dont l'usage peut, dans beaucoup de cas, être suivi des plus grands succès.

Le Watroz, la plus négligée de toutes les Fontaines, auroit son mérite dans un Pays où la nature auroit été moins prodigue de ses bienfaits. Il est situé entre la Sauveniere & le Tonnelet, dans une prairie marécageuse & presque inaccessible.

CHAPITRE III.

De l'origine des Fontaines minérales de Spa, & des principes qui les minéralissent.

Est quadam prodire tenùs si non datur ultra.
HORAT. Epist. I.

LES connoissances que nous devons à une étude plus approfondie de la nature & de ses opérations, ne nous laissent plus douter que la terre resserre dans son sein des réservoirs immenses d'air, d'eau & de feu. Ce dernier élément qu'il est si difficile de saisir, & dont nous ne pouvons juger que par ses effets sur la matiere qu'il semble modifier à son gré, nous vient, ſelon Mr. de Mairan, de deux ſources, le ſoleil & le centre de notre globe, qui en contient bien davantage : (*a*) reſſerré par le poids énorme des couches de terre, qui le preſſent de toute part, ſon activité y eſt extrême.

C'eſt à l'action de cet agent merveilleux qu'on doit rapporter les plus ſublimes opérations de la nature. Les météores qui brillent dans les airs, les volcans qui, depuis tant de ſiecles, ne ceſſent de vomir des torrents de feu dans différentes parties du globe, les ouragans, les tonnerres ſouterreins ſont des preuves manifeſtes de ſa puiſſance.

(*a*) Mém. de L'Acad. Royale des Sciences, année 1765.

C'est à lui que nous devons nos sources salutaires, dont il affine & subtilise les principes, & dont la savante combinaison sera toujours au-dessus de notre pénétration.

La quantité immense d'eau qui circule sur la superficie de la terre, & celle qui est contenue dans les abymes souterreins, est continuellement pénétrée de ce fluide actif. Le mouvement qu'il lui imprime, la volatilise, & fournit matiere aux évaporations abondantes que l'air dissout à mesure, & que les vents transportent de tout côté.

C'est à cette eau suspendue dans l'air, que nous devons la formation des nuages que le froid de ces régions, & le ſommet des montagnes condenſent, qui retombent en pluies qui fertiliſent la partie ſeche du globe, & forment à ſa ſurface les rivieres & les fleuves qui y circulent, & dans l'intérieur donnent naiſſance aux courants & aux fontaines, qui ſont ſujettes à varier ſelon l'état de ſéchereſſe ou d'humidité de l'atmoſphere.

Il eſt d'autres Sources, dont le cours eſt toujours égal, & la température à peu près la même. Celles-ci ſourdent de très-profond, & ſont le produit des évaporations ſouterreines. L'action du feu étant telle au-dedans que nous venons de le démontrer, la force de la chaleur y entretient une évaporation continuelle, dont les ſuites ſe portent à la voûte des cavernes intérieures, où les vapeurs ſe répandent dans une température plus froide, ſe condenſent, ſe réuniſſent en corps, & forment des eſpeces de nuages qui ſe réſolvent en pluie, qui tombe du haut de ces cavernes en bas.

C'eſt cette diſtillation continuelle en quelques endroits, qui entretient les lacs ſouterreins, & qui fournit la plupart des Fontaines, qui ſont invariables dans leur cours, & à l'abri de toute influence de l'état de l'atmoſphere. (*a*)

Telles ſont les différentes ſources d'eau minérale dont la nature a gratifié le Bourg de Spa. Elles ſourdent toutes des rochers ſchiſ-

(*a*) Voyez l'Abbé Richard, Hiſtoire de l'air.

teux, dans leſquels on a creuſé leur baſſin : leurs eaux ſont limpides, plus légeres que l'eau commune diſtillée; ce qu'on ne peut attribuer qu'à l'air fixe ſurabondant qu'elles contiennent. Pendant les chaleurs de l'été, elles ſont d'un ou deux degrés plus froides que l'air extérieur ; en hiver, elles ſont plus chaudes, parce qu'elles retiennent la température conſtante du milieu par lequel elles paſſent. Elles n'éprouvent que peu ou point de variation de la part de l'atmoſphere ; le ſeul changement qu'elles puiſſent ſubir de ce côté, eſt le plus ou le moins d'eſprits qu'elles contiennent, dont l'évaporation eſt toujours rélative au plus ou moins de preſſion que fait ſur elles la peſanteur ou la légéreté de l'air environnant.

Ces esprits, ou plutôt ce gas, qui les pénetrent & les divisent, se manifestent à l'œil. D'un moment à l'autre il se forme des courants de cette matiere gazeuse, qui partent du fond du Bassin, traversent l'eau avec rapidité, & viennent crever en forme de bulles très-brillantes, & avec une espece de sifflement à la superficie. Cette dissipation du principe volatil de nos eaux minérales est considérable. Pour s'en assurer, il ne s'agit que de plonger un grand verre à boire dans l'une ou l'autre de nos Fontaines : on le renverse en même temps, lorsqu'il est plein d'eau, & on le tient en cet état ſur la ſurface de la Fontaine, & à l'endroit du bouillon, les bords plongés dans l'eau, afin que l'air extérieur ne puiſſe y entrer. Ce verre ſe vuide en quelques minutes de toute l'eau qu'il pouvoit contenir : elle en eſt expulſée par ce principe volatil, ſpécifiquement plus léger qu'elle, & qui ſe ſubſtitue à ſa place.

Cet effluve élaſtique, dans lequel on reconnoît toutes les propriétés de l'air atmoſphérique, excepté celle d'être propre à la reſpiration & à la combuſtion des corps combuſtibles, mais qui en a d'autres qui lui ſont particulieres, que nous tâcherons de développer bientôt, ſe dilate dès que l'eau minérale paroît à la ſurface de la terre, parce qu'il y éprouve moins de preſſion que dans ſes entrailles. Cet air eſt une de leurs parties conſtituantes, elles en ſont ſaturées; le Pouhon ſur-tout & le Tonnelet en contiennent beaucoup.

Une bouteille remplie aux deux tiers de nos eaux minérales, & ſur-tout de ces deux dernieres, dont on bouche l'orifice avec le pouce, ſécouée fortement, dès l'inſtant qu'on bouge le doigt, lâche avec impétuoſité cet air qui s'en dégage, & emporte avec lui des parties d'eau très-déliées à pluſieurs pieds de hauteur. J'ai vu ces exploſions ſe réitérer juſqu'à quatorze fois avec la même eau.

Ces eaux ſont à leur ſource très-vives & très-pétillantes. Reçues dans

dans un verre, elles mouſſent comme les liqueurs ſpiritueuſes, la ſurface interne du verre ſe couvre bientôt d'un nombre infini de bulles d'air qui viennent s'y attacher; peu-à-peu elles ſe réuniſſent, augmentent de volume, s'en détachent & viennent créver à la ſuperficie ſur laquelle au bout d'un certain temps elles forment une taie de différentes couleurs.

Ce dernier phénomene a lieu dans les baſſins qui les contiennent. Tous les jours leur ſurface eſt couverte d'une pellicule variante, dont les couleurs imitent parfaitement les nuances de la gorge de pigeon. Elle eſt formée par la réunion des particules de fer d'une ténuité extrême, que les bulles d'air y attirent par leur explosion, & qui, quand elles ont acquis assez de poids par leur accumulation successive, se précipitent sous la forme de floccons roussâtres, & gagnent le fond du bassin.

C'est cette précipitation de matieres qui constitue le dépôt ocreux dont le fond de leur bassin est toujours couvert, & qui s'accumule dans les canaux de décharge, par où s'écoulent les eaux surabondantes de chaque Fontaine.

L'odeur de ces eaux est pénétrante & sulphureuse; elle est, surtout, très-sensible dans la Géronstere & la Sauveniere, qui abondent en ce principe. Pendant les chaleurs de l'été, elle frappe davantage l'odorat, sur-tout dans le voiſinage de ces deux Fontaines. Ce phénomene a lieu dans toutes, quand on en agite les eaux vivement, & principalement quand on vuide leur baſſin.

Leur goût eſt âpre & ferrugineux. Cette ſaveur, ſur-tout, eſt particuliere aux eaux du Pouhon; elle eſt moindre dans les autres ſources, elle eſt preſque nulle dans la Géronſtere, dans laquelle le goût & l'odeur d'œufs couvis l'emporte & fait ſeul ſenſation.

Ce goût, elles le doivent au fer qu'elles contiennent, & qui y eſt tenu en diſſolution par le principe gazeux dont elles ſont ſaturées.

Tous les procédés chymiques manifeſtent l'exiſtence de ce minéral dans nos eaux; & la lenteur avec laquelle elles s'en dessaisissent même par le degré de l'ébullition, prouve combien il y est parfait.

Mêlées avec les infusions de noix de galle, de feuilles de thé ou de chêne, elles prennent à l'instant une couleur pourpre, violette ou noire : ces nuances sont toujours relatives à la quantité de ce minéral contenu dans chaque source.

Par l'addition de l'alcali phlogistiqué, elles fournissent à l'instant même un très-beau bleu de Berlin.

Leur dépôt ocreux, soit celui qui s'obtient par l'évaporation qu'on en fait, soit celui qui se forme au fond de leurs bassins, traité par les moyens chymiques, fournit un corps qui a toutes les propriétés du fer parfait & attirable par l'aimant.

Enfin leur principe ferrugineux eſt bien démontré par les taches jeaunes & ineffaçables par tout autre moyen que les acides, que leur ſédiment imprime au linge.

La diaphanéite de ces eaux, qui égale celle de l'eau commune la plus pure, prouve combien ce minéral y eſt diviſé. De toutes les préparations de fer que l'art produit, l'œtiops martial de l'émeri eſt celle dans laquelle le fer eſt dans l'état de diviſion la plus parfaite ; cependant, comme le remarque Mr. Marteau, l'eau diſtillée ne peut en contenir un demi-grain par pinte ſans ſe troubler ; ce que ne fait pas le mars de nos eaux minérales, malgré qu'il y soit contenu en bien plus grande quantité.

Un autre principe que la nature a su combiner avec nos eaux minérales, est le soufre subtil, ou plutôt les émanations sulphureuses dont elles sont impregnées. C'est à ces esprits sulphureux qu'elles doivent l'odeur de foie de soufre, qu'elles répandent toutes en général, mais qui se distingue particuliérement dans la Géronstere, la Sauveniere, la Groisbeck & le Tonnelet. La premiere de ces sources l'emporte sur toutes les autres par la quantité de ce minéral que ses eaux contiennent.

Il se dépose au fond de son bassin, sous la forme d'une poudre grisâtre, qui jettée sur une toile rougie, produit une fumée qu'on ne peut méconnoître pour être celle du ſoufre en combuſtion. La même choſe arrive ſi l'on ſoumet au même procédé le dépôt des autres ſources; mais l'odeur en eſt moins pénétrante, & les eſprits ſulphureux volatils moins marqués.

Si à toutes ces preuves de l'exiſtence d'un eſprit ſulphureux volatil dans nos eaux minérales, on veut en ajouter d'autres, on peut ſe ſatisfaire, & acquérir de nouvelles connoiſſances par les moyens que nous fournit la Chymie. Le précipité blanc parſemé de points noirs, qu'elles fourniſſent par l'addition de la ſolution de ſel de ſaturne, la couleur jaune qu'elles donnent à celui qui s'y forme par le mercure diſſout dans l'eſprit de nitre, enfin la nature de l'eſprit qui les pénetre, & qui, ſelon Mr. Macquer, paroît être formé de l'union de l'air le plus pur avec quelques autres principes, & particuliérement avec la matiere du feu ou phlogiſtique. Tous ces phénomenes, qui, pris ſéparément, ſeroient peut-être inſuffiſants pour fixer notre jugement ſur une matiere auſſi difficile, doivent nous décider lorſqu'ils ſont réunis, & donner un degré de certitude aux choſes que nous ne faiſions que ſoupçonner.

Alterius ſic
Altera poſcit opem res, & conjurat amicè.
HORAT.

Nos eaux contiennent en outre du ſel alcali fixe, qu'elles doivent aux tourbieres qui ſe rencontrent preſque par-tout à Spa, & qui, ſelon Mr. Monnet, impregnent de cette ſubſtance ſaline les eaux qui les leſſivent.

Ce ſel eſt dans nos ſources plus pur & plus doux que dans aucune autre eau minérale connue. Neutraliſé en quelque façon par l'acide volatil, que nous verrons bientôt être une des parties conſtituantes de cet eſprit ſubtil dont nos eaux ſont ſaturées, il n'a point la cauſticité de celui qui eſt produit par l'incinération des végétaux, il doit même en avoir beaucoup moins lorſqu'il eſt ainſi diſſout dans nos eaux & incorporé avec elles, qu'il n'en a lorſqu'il eſt rapproché par l'évaporation.

On ſait à n'en plus douter, que le degré d'ébullition, qu'on eſt obligé de donner à l'eau dans ce cas, diſſipe l'acide ſubtil & volatil avec lequel il étoit combiné; qu'abandonné à lui-même & pénétré des parties de feu qui l'alcaliſent, il prend un goût urineux, igné, qu'il n'avoit point auparavant, & que ſa cauſticité augmente en raiſon du degré de feu qu'on lui fait ſubir.

L'exiſtence de ce ſel dans nos eaux minérales eſt prouvée par l'impreſſion âcre & ignée qu'il fait ſur la langue, lorſqu'il eſt obtenu par l'évaporation.

Par la couleur verte qu'il donne au ſirop de violettes délayé dans nos eaux, quelque temps après, ſi elles ſont fraîchement puiſées & à l'inſtant, ſi elles ont ſubi quelque décompoſition par leur ſéjour dans le verre, ou par le mouvement qu'on peut leur avoir imprimé, ſoit en les ſecouant, ſoit en les expoſant à l'action du feu.

Enfin les eaux de Spa contiennent une terre ſéléniteuſe. Ce qui ſe reconnoît par le précipité blanc, inſipide, que l'eau a peine à diſſoudre, & qui ſoumis aux procédés chymiques, fournit tous les réſultats propres aux ſels ſéléniteux.

L'eſprit acide dont nos eaux minérales ſont ſaturées, & qui, comme nous l'avons dit, leur donne toutes les propriétés d'un corps ſpiritueux, & tient les autres principes qui les minéraliſent dans un état de diſſolution parfaite, n'eſt autre choſe que ce fluide élaſtique, auquel le Dr. Hales a donné le nom d'air fixe, ſous lequel il eſt généralement connu, & qui, ſelon Mr. Macquer, devroit plutôt porter celui de gas méphitique.

Cet être nouveau pour la Phyſique, dont les Anciens avoient reconnu l'exiſtence, mais qu'il étoit réſervé aux Phyſiciens de nos jours de développer parfaitement, a été, depuis pluſieurs ſiecles, celui des principes des eaux minérales ſur lequel on a fait le plus de recherches, & celui qu'on a le moins connu. La quantité prodigieuſe de cet eſprit qui partoit des eaux ſoumiſes à la diſtillation, les fortes explosions qu'il faisoit contre les vaisseaux dans lesquels on eût voulu le retenir, & qui finissoient toujours par les faire sauter en éclats, enfin la ténuité extrême de ses parties, par laquelle il pénétroit à travers les luts les plus denses & les plus compactes, dégoûterent les Chymistes de faire d'autres tentatives; ils s'accoutumerent à le regarder comme un être incoërcible, & incapable d'être contenu dans aucun vaisseau qui pût l'isoler & le soumettre à leurs procédés. On seroit encore à disputer sur l'existence & les propriétés de ce corps singulier, si les découvertes faites de nos jours ne nous eussent mis à portée de l'examiner de plus près.

On sait aujourd'hui, que ce fluide élastique qui pétille dans les eaux minérales, est l'air fixe lui-même; qu'il est, par conséquent, un acide unique dans son espece; que c'est ce caractere acide qui donne à l'eau qui en est imprégnée, la faculté de teindre en rouge la teinture de tournesol, & celle de dissoudre le fer dans toute sa substance : faculté qui devient nulle dès l'instant qu'elle en est dépourvue, quels que soient les moyens qu'on ait employés pour cela; qu'il a de plus des propriétés qui le distinguent de l'air atmosphérique, qui sont, 1°. d'être plus pesant que lui du double à peu près; 2°. d'être incapable d'entretenir la vie & la respiration des animaux ; 3°. de ne pouvoir entretenir la combuſtion d'aucun corps combuſtible ; 4°. de ſe mêler, & même de ſe combiner intimement avec l'eau en bien plus grande quantité que le premier, qui ne peut y entrer que pour un 54e. de ſon volume, tandis qu'elle peut ſe charger de ce dernier de plus du double de ſa maſſe ; 5°. que par cette ſurabondance d'air fixe dont l'eau eſt imprégnée, elle acquiert la propriété ſinguliere de diſſoudre toutes les terres calcaires, qui n'y ſont point ſolubles ſans cela : propriété qu'elle conſerve ſur la chaux même, qu'elle diſſout encore une fois après qu'elle a été rappellée à l'état de pierre calcaire, en lui rendant l'air fixe dont elle avoit été dépouillée par la calcination.

J'ai répété avec soin, sur l'esprit de nos eaux minérales, les principales expériences indiquées dans les Auteurs qui ont le mieux traité ce sujet : toutes m'ont confirmé dans l'idée où j'étois, après la lecture de ces ouvrages excellents, que cet esprit a toutes les propriétés de cette substance aëriforme, que la plupart des Physiciens nomment air fixe, que Mr. Macquer désigne par le nom de gas méphitique, & que Mr. Bergman appelle acide aërien.

CHA-

CHAPITRE IV.

Traité ſuccint ſur la nature & les cauſes des maladies chroniques.

LA ſanté, ce bien recherché avec tant d'empreſſement par l'homme qui l'a perdue, & dont on abuſe ſi ſouvent, n'a point d'état fixe & déterminé : relative aux différents individus qu'elle modifie, elle eſt ſujette à varier comme eux. L'idée d'une ſanté parfaite eſt chymérique, & ne ſe conçoit guere que comme ces êtres de raiſon qui n'ont d'autre exiſtence que celle que leur prête l'eſprit qui s'en occupe.

Il y a donc autant de ſantés différentes, qu'il y a de sujets différents entr'eux, & cette santé particuliere à chacun d'eux établit les tempéraments divers.

L'état opposé à cette maniere d'être de l'homme est la maladie. Funeste produit du dérangement des fonctions nécessaires à la vie, ses mouvements tendent directement à leur anéantissement, & à la destruction totale de la machine.

Heureusement la nature, cette mere tendre & attentive, toujours occupée de notre conservation, s'oppose, par des moyens admirables & jusqu'à présent inconnus, aux progrès du mal qu'elle dissipe souvent dès sa naissance, si elle n'est contrariée par des remedes mal appliqués.

Quelquefois ces moyens doux & paisibles ſont inſuffiſants : ou la cauſe du mal eſt trop invétérée, ou le délétere trop actif pour céder du premier abord. Alors cette ſavante & ſublime ouvriere ſuit l'ennemi juſques dans ſes derniers retranchements ; elle l'attaque, & il eſt rare qu'elle n'ait tout l'avantage.

Une étude réfléchie de ces mouvements de la nature a fait naître la distinction des maladies en aiguës, & chroniques. La marche des premieres eſt bruſque & rapide ; tout répond à la violence du mal, & à l'énergie des moyens employés pour le vaincre : le danger eſt preſſant, le ſalut ou la perte du Malade eſt décidée en peu de jours.

Les révolutions des maladies chroniques sont plus lentes, & leurs symptômes moins violents. Auteurs de nos propres maux, dit Sydenham, c'est à notre intempérance & à notre oisiveté que nous devons en imputer les causes. Insensibles dans leurs progrès, ce n'est que quand le mal a miné sourdement la place que l'explosion s'en fait. Le malade, tranquille sur son état parce qu'il souffroit peu, s'alarme alors; il invoque les secours de la Médecine, mais souvent trop tard, parce que les remedes ne peuvent rien sans la nature, & que les pouvoirs de celle-ci, dans ce genre de maladies, sont réduits à bien peu de chose; car, malgré qu'il soit impossible, dit Mr. Lorry, (*a*) de trouver une maladie où la puissance de la nature soit réduite à rien, il arrive cependant quelquefois que la source du mal soit au-delà de ses atteintes.

Comme c'est principalement à ce genre de maladies qu'on oppose avec les plus grands succès l'usage de nos eaux minérales, occupons-nous un moment de cet objet; jettons un coup d'œil rapide sur ce tableau affligeant pour l'homme, & tâchons d'en découvrir les causes.

Les maladies longues & opiniâtres qui empoisonnent les jours de l'homme peuvent assez naturellement se ranger sous trois classes

(*a*) Essai sur les alim. Tom. 2, pag. 398.

différentes. La premiere est celle qui comprend toutes les maladies qui dépendent de l'acrimonie de nos humeurs; soit que l'âcre hétérogene qui infecte notre sang, soit un vice héréditaire qui nous ait été transmis par nos peres en naissant, soit qu'il tire son origine des poisons lents dont nous nous nourrissons, & des liqueurs incendiaires dont nos tables sont couvertes, soit enfin qu'il soit le triste produit de l'air que nous respirons, ou la suite affligeante d'une maladie aiguë, dont la marche irréguliere aura fait présager la mauvaise terminaison.

Toutes ces causes, si différentes entr'elles, produisent le même effet, qui est l'irritation & la douleur.

Sous cette claſſe on peut ranger les dartres, les éruptions cutanées, les phlygtenes, les éréſipeles, les douleurs, les lancinations dans différentes parties du corps, telles que la goutte proprement dite, les rhumatiſmes aigus, la ſciatique, les douleurs erratiques, nommées goutte vague, les ophtalmies & maux de tête opiniâtres, le ſcorbut, &c.

Les maladies de la ſeconde claſſe, ſans être moins dangereuſes que les premieres, ſont moins fatigantes, parce que, pour la plupart, elles ſont exemptes de douleur. L'obſtruction, qui eſt la ſource de ces maladies, ne ſe manifeſte pas tout d'un coup, ſes commencements ſont obſcurs & imperceptiE 4 bles, fixant son siege dans des viscères qui flottent dans le bas ventre, & dont la sensibilité est médiocre ou presque nulle : ce n'est que quand le mal est parvenu au point de déranger les fonctions indispensables à la vie, qu'on s'apperçoit des ravages que la maladie a faits, & de l'impuissance où l'on est d'y porter secours.

C'est principalement ici, qu'on peut dire que le mal est au-dessus du pouvoir de la nature. La fibre lâche & abreuvée, l'inertie & la grossiéreté des fluides rendroient vains les efforts qu'elle pourroit faire. Le caractere propre à cet état, est d'être accompagné d'inaction, & pour guérir il faut du mouvement.

Sous cette classe viennent se ranger naturellement toutes les suites fâcheuses du relâchement des solides & de l'épaississement des fluides, telles que la cachexie, les différents genres d'hydropisie, l'asthme humide, les oppilations de la rate, l'engorgement des glandes du mésentere, l'obstruction du foie, les duretés schirreuses des parties glanduleuses, la mélancolie, l'hypochondriacisme, les fievres intermittentes, les pertes utérines, les fleurs blanches, &c. qui sont les fruits ordinaires de l'abus si généralisé des boissons tiedes, de l'usage des aliments durs & grossiers, des boissons spiritueuses & d'une vie nonchalante & inactive.

Enfin, la troisieme classe des

maladies chroniques comprend les affections nerveuses : maladies à peine connues aux Anciens, & qui sont si communes aujourd'hui entre les gens du monde, dont elles empoisonnent les jours au milieu des délices & des jouissances.

C'est à nos excès en tout genre que nous devons cette maladie nouvelle. Irréguliers dans notre conduite, dissolus dans nos mœurs, fougueux, intraitables dans nos passions, nous avons abusé du présent le plus précieux que pût nous faire l'Etre Suprême, c'est la sensibilité. Bornés dans leur action nos nerfs n'ont pu soutenir les épreuves auxquelles nous les avons soumis ; les convulsions de la colere, les poisons froids de la haine & de l'envie, les épuiſements des plaiſirs de l'amour en ont uſé la trame & perverti les mouvements. L'eſtomac, & généralement tous les viſceres du bas ventre, à l'action deſquels ils préſident, n'ont plus donné que de mauvais réſultats : privé d'un chyle doux & balſamique qui pût réparer ſes pertes, le ſang s'eſt appauvri ; atténuée par une circulation tumultueuſe, la lymphe âcre & ſaline a irrité les nerfs au-lieu d'en adoucir les ſucs, tous les organes dérangés dans leur action ont fourni chacun en leur particulier les ſymptômes propres à leur fonction léſée. Delà, dit le célebre Tiſſot, cette foule innombrable de maux, qui varient chez tous les ſujets qui varient d'un jour à l'autre chez le même sujet, & dont les variations possibles sont, non pas infinies, sans doute, mais sûrement indéfinies. (*a*)

(*a*) Tissot, Essai sur les maladies des gens du monde, p. 92.

CHAPITRE V.

De l'action des eaux minérales ſur le corps humain.

Ce n'eſt que par des expériences réitérées, & par une obſervation ſcrupuleuſe de leurs effets ſur le corps humain, que nous pouvons connoître les vertus & les propriétés des médicaments. Prétendre franchir ce cercle étroit, c'eſt, dit Boërhave, (*a*) tomber dès ce moment dans l'erreur. L'eſ-

(*a*) *Quis aptè dixerit de viribus medicamentorum? unus ille qui mutatam ab his applicatis naturam & mutantem alia, obſervavit cautè. Extrà hæc, qui vel pedem movet errat illicò. Neque & in his ex ingenio ſolertiſſimo vel minimum quid licet fingere.* Boërh. de honore med. ſervitute.

prit le plus subtil ne peut rien ici. La nature, jalouse de son secret, a couvert le méchanisme de ses opérations d'un voile impénétrable à toutes nos recherches. Tous les raisonnements faits à ce sujet ne peuvent fournir que quelques conjectures propres à figurer dans les systêmes de Médecine dont nous sommes inondés, mais qui ne font rien pour la pratique de cet art.

Cependant, il n'est presque aucun Auteur qui ait traité des eaux minérales, qui d'après l'analyse qu'il en a faite, n'en ait voulu déduire les propriétés & les vertus. Ceux qui s'abandonnent à de pareilles explications, seroient bien embarrassés de fixer au juste l'action des médicaments les plus simples pris intérieurement. Avant d'établir rien de certain ſur la façon d'agir des eaux minérales ſur le corps humain, ſe ſont-ils premiérement aſſurés de la quantité des principes qu'elles contiennent? connoiſſent-ils leur proportion & le rapport de leur peſanteur avec celle de nos fluides? ſavent-ils les changements qu'ils doivent ſubir lorſqu'ils ſont reçus dans l'eſtomac, dans le ſang? Les expériences chymiques, dit Mr. Clerc, (*a*) faites avec l'exactitude dont ſont capables ceux qui s'y appliquent par état, ne peuvent nous tromper par elles-mêmes, mais ſi on en tire mal-adroitement de fauſſes conſéquences, ou que les Chy-

(*a*) Hiſtoire naturelle de l'homme malade.

mistes se faisant une illusion osent transporter leur laboratoire dans le corps humain, alors l'erreur est amenée par le faux raisonnement, & l'Artiste nous trompe au-lieu de nous instruire.

C'est donc de l'expérience seule que nous devons tirer ce que nous allons dire de l'action de nos eaux minérales sur nous. Et si nous nous permettons quelques réflexions sur une matiere aussi abstraite & si au-dessus de nos foibles connoissances, gardons-nous de rien avancer qui ne soit appuyé sur l'observation.

On a pu voir au Chapitre troisieme de cet Essai, que les différentes sources d'eau minérale que nous avons à Spa, sont toutes mi-

néralisées

néralisées par les mêmes principes, qu'elles sont, par conséquent, un seul & même remede, qu'elles ont les mêmes propriétés, les mêmes vertus, mais à des degrés différents, selon les rapports de ces principes entr'eux, qui different plus ou moins dans chaque source, & lui impriment un caractere particulier.

§. I.

Action de l'Eau.

L'EAU, qui constitue la plus grande partie de ce composé admirable, & qui sert de véhicule à ses autres principes, a des propriétés qui lui sont propres; elle en a d'autres qu'elle doit aux différents corps qu'elle tient en dissolution.

Nous parlerons de ces dernieres en traitant des vertus de chacun de ces corps en particulier.

L'eau est un élément essentiellement nécessaire à la vie des animaux. Notre sang soumis à l'analyse se réduit presque tout entier en eau. Les expériences de Messieurs Keill, Boërhave & Haller nous démontrent que de cent livres d'humeurs, ou environ, que nous avons ordinairement, il en est plus de quatre-vingt-dix, qui ne sont que de l'eau pure. La ténuité extrême de ses parties, par laquelle elle pénetre dans les tissus les plus serrés, & qui lui ouvre un passage à travers des milieux qui sont impénétrables à l'air le plus subtil, la rend le seul délayant que nous ayions. Interpoſée entre les parties terreſtres qui entrent dans la compoſition de notre ſang, elle les diviſe, en diminue l'adhérence ; ce n'eſt même qu'à l'abſence de ce fluide qu'on doit rapporter la lenteur & la ténacité des liquides, qui ſont la cauſe des maladies lentes & chroniques, comme nous l'avons démontré au Chapitre précédent.

Une autre propriété qui nous la rend précieuſe, eſt celle qu'elle poſſede à l'excluſion de tout autre fluide, de ſe charger de tous les ſels, de les étendre, & de les emporter hors des vaiſſeaux. Aiguiſée par ces molécules âcres qu'elle tient en diſſolution, elle n'en devient que plus pénétrante & plus fondante ; elle atténue & adoucit, par conséquent, l'âcreté des humeurs ; elle les délaie, elle en facilite la circulation dans les plus petits vaisseaux, tempere l'orgasme du sang, dissout les concrétions épaisses & résineuses de la bile, emporte les empâtements des visceres, en assouplit les canaux, favorise par-là toutes les sécrétions, & mérite à tous égards les éloges que lui ont prodigué les plus grands Médecins, & sur-tout le célebre Fréderic Hoffman, qui la regarde comme un remede universel.

§. II.

Action du Fer.

Si l'eau simple débarrasse si bien les organes ; si les obstructions les plus opiniâtres cedent à ſon action, on doit tout attendre de ſes vertus, quand elle eſt chargée de principes qui ajoutent encore à ſon activité.

Le fer eſt le plus puiſſant de ces agents : ce minéral qu'on rencontre preſque dans toutes les productions de la nature, eſt le meilleur des toniques, & des apéritifs le plus aſſuré. Il imprime à notre ſang un caractere de vie & de force qu'il n'auroit point ſans lui, & qui, ſelon Boërhave, eſt toujours relatif à la quantité dans laquelle il y eſt contenu. Menghini & le Baron de Haller ne nous laiſſent plus douter, qu'il n'exiſte dans la partie rouge de ce fluide, une grande quantité de ce métal. Le premier de ces obſervateurs, d'après le calcul qu'il en a fait, en évalue la quantité à trois onces par vingt-cinq livres de ſang, qui eſt celle que contiennent ordinairement les vaiſſeaux d'un homme fait.

Ce minéral ainſi répandu partout, paroît être un des grands moyens dont la nature ſe ſert dans la combinaiſon des corps ; & de même qu'il donne à ceux auxquels il eſt uni des propriétés nouvelles, il eſt auſſi lui-même ſujet à recevoir des modifications différentes des corps auxquels il s'aſſocie. Tantôt uni à la terre, il forme un ocre inſoluble, qui à peine a quelque choſe de métallique ; tantôt combiné avec la partie la plus ſubtile de l'air, ou plutôt avec cet eſprit gazeux dont nous avons parlé au troiſieme Chapitre, il a toutes les propriétés d'un corps ſpiritueux qui frappe l'odorat, enivre, rehauſſe le ton des fibres organiques, & fortifie les nerfs en les irritant.

Tel eſt celui des eaux minérales ferrugineuſes, & ſur-tout des eaux de Spa, qui le contiennent dans l'état le plus parfait. Une partie de l'eſprit de ces eaux ſalubres doit être attribuée au fer rendu volatil par cet acide ſubtil, qui le diviſe au point de ne troubler en rien la diaphanéité de l'eau la plus pure, & de pénétrer avec elle dans les derniers replis des vaiſſeaux.

Nous devons donc nous repréſenter ce minéral réduit ainſi dans le dernier état de diviſion, comme une ſubſtance tonique & adſtringente, propre à rapprocher les molécules des fibres, à les rendre plus fortes & plus denſes, par l'impreſſion que fait ſur elles la partie terreuſe vitreſcible, qui lui eſt particuliere. Ses vertus ne ſe bornent pas là. Par les émanations ſulphureuſes & volatiles, qu'il fournit abondamment par l'action des acides ſur lui, il chatouille & réveille les nerfs, il releve le ton des fibres, il accélere le mouvement ſyſtaltique des vaiſſeaux, au point de précipiter la circulation dans les plus petits canaux, où la truſion du ſang eſt la plus difficile. Il fond les humeurs glaireuſes & tenaces, & réunit en lui ſeul toutes les vertus qu'on pourroit attendre des apéritifs & des toniques les plus ſavamment combinés.

§. III.

Action du Sel alcali.

UN autre principe que nos eaux minérales contiennent, & qui leur donne la plus grande activité, eſt leur ſel alcali. Adouci & neutraliſé en quelque façon, par l'acide ſubtil & volatil qui eſt une des parties conſtituantes de leur gas, il n'eſt point auſſi cauſtique que le ſont ces ſels, quand c'eſt l'art qui les produit. Sans être moins énergique leur action eſt plus modérée, plus amie des nerfs, que ces derniers irritent toujours, & dont ils augmentent les dérangements. Combiné avec les acides qu'il rencontre dans les premieres voies, il se neutralise, & devient un sel fondant, qui divise, attenue la saburre épaisse qui englue le ventricule & les intestins, en débarrasse les houppes nerveuses qui viennent y aboutir, réveille leur sensibilité, rétablit les fonctions qui dépendent de leur irritabilité, débouche les orifices des vaisseaux lactés, & facilite par-là la filtration des eaux qui flottent dans ces visceres creux. Enfin par la propriété qu'il a de se saisir de toutes les substances huileuses, & de se combiner intimement avec elles, il dissout les parties grasses & huileuses dont le sang qui croupit dans la veine porte eſt ſouvent ſurchargé, forme avec elles un ſavon, qui enleve les engorgements qui s'y forment, & qui, ſelon Mrs. Sthall & van Swieten, ſont toujours les cauſes premieres des maladies du foie, & la ſource la plus féconde en maux longs & chroniques.

§. IV.

Action des Eſprits ſulphureux.

Le ſoufre ſubtil contenu dans nos eaux minérales, & dont l'exiſtence eſt particuliérement conſtatée dans les eaux de la Géronſtere, dans leſquelles il eſt ſenſible & palpable, eſt de tous leurs principes celui qui paroît avoir le plus d'action ſur nos fluides, par la raréfaction qu'il y produit. Quel que soit le sentiment de plusieurs Médecins, qui refusent à ce minéral aucune vertu, parce qu'ils le regardent comme une substance insoluble par aucune de nos humeurs, par conséquent incapable de s'insinuer dans les vaisseaux lactés, & de passer dans la masse du sang, il est de fait cependant que toutes les substances huileuses & savonneuses, & par conséquent toutes les humeurs animales, peuvent avoir prise sur lui & le dissoudre. Ce qui doit d'autant mieux s'effectuer avec le soufre de nos eaux minérales, que ses principes sont plus volatils & moins cohérants entr'eux.

Selon Cartheuser, ce minéral pénétré des sucs gastriques & intestinaux, & volatilisé par la chaleur qui regne dans ces viscères, laisse échapper quelques particules odorantes très-subtiles & très-volatiles, qui pénetrent ensuite dans la masse du sang, sous la forme d'une vapeur, le raréfient & l'échauffent. Ces émanations sulphureuses affectent de se porter vers la peau & l'intérieur du poumon, & c'est assurément à cause de cette propriété qu'on le regarde comme un remede excellent dans les maladies de ces organes. Il a été reconnu de tout temps pour béchique, incisif, expectorant; bon contre l'asthme, les toux violentes & seches, dans les tubercules du poumon & les ulceres internes dont il adoucit les âcres. Par la propriété qu'il a de porter la raréfaction dans le sang, & d'atténuer la pituite, il expulse par les pores de la peau les impuretés des humeurs, & guérit les maladies cutanées par la transpiration abondante qu'il établit.

§. V.

Action du Gas.

L'AIR fixe, cet esprit subtil & élastique, qui est, si j'ose me servir de ce terme, l'ame de nos eaux minérales, qui tient les autres principes dont elles sont composées en dissolution, qui les spiritualise & rend leur effet plus actif & plus énergique, est, comme nous l'avons remarqué dans le Chapitre troisieme, depuis quelques années l'objet des recherches des plus grands Phyſiciens. Eveillés par les expériences lumineuſes du célebre Macbride, les Médecins ſe ſont empreſſés de le ſoumettre à leurs eſſais. Mr. Hey, Médecin Anglois, fut le premier à entrevoir les fruits que l'art de guérir pouvoit retirer de ces découvertes. Frappé de la propriété dont l'air fixe jouit d'arrêter les progrès de la putréfaction dans les chairs des animaux, il fut tenté d'éprouver s'il avoit la même vertu étant reçu dans le corps vivant. La grande affinité de ce fluide avec les menſtrues aqueux, la rapidité avec laquelle il ſe combine avec eux, le raſſura ſur le danger qu'il pouvoit y avoir de l'introduire dans nos viſceres; il l'adminiſtra en forme de lavements dans les maladies putrides : il fit plus, il en satura la boisson de ses malades, & selon Mr. Priestley, à qui nous devons cette observation, il les guérit par ce seul remede.

Ces premiers succès firent la plus grande sensation ; on s'abandonna à de nouvelles recherches, on jugea du bien qu'il pouvoit produire dans une infinité de cas, par celui qu'il venoit d'opérer. Tous les genres d'acrimonie qui peuvent infecter nos humeurs, parurent devoir céder à l'activité de ce fluide pénétrant. L'âcre qui dans le scorbut dissout & appauvrit le sang, fixa d'abord l'attention des Médecins : comme le plus nuisible parce qu'il est le plus répandu, il subit les

les premieres épreuves & les ſuites en furent heureuſes. Le cancer lui-même, ce mal affreux, qui, juſqu'alors, n'avoit pu recevoir aucun adouciſſement, fut appaiſé & arrêté dans ſes progrès par l'application de l'air fixe. Une obſervation de Mr. de Percival, une autre du même genre, communiquée à l'Académie des Sciences de Paris en 1776 par Mr. l'Abbé Magellan, enfin les mémoires de l'Académie de Dijon nous apprennent, que ſi l'air fixe ne guérit point le cancer, il en eſt du moins un palliatif excellent.

Une autre propriété qu'on a reconnue dans l'air fixe, & qui doit nous le rendre précieux par l'eſpérance qu'il nous donne de guérir par ſon uſage une maladie longue, douloureuse, souvent incurable, c'est la qualité litontriptique qu'on lui attribua sur la fin de l'année 1777. Cette observation est consignée dans le Journal de Physique de Mr. l'Abbé Rosier (*a*), & nous la devons à la sagacité du Dr. Nathanaël Hulme, du College Royal de Médecine de Londres, & Médecin de la Maison des Chartreux.

Nous pouvons donc conclure, que les vertus principales de l'esprit gazeux de nos eaux minérales, sont de tempérer les agacements du genre nerveux, d'en modérer la sensibilité par son action immédiate sur les membranes de l'estomac & des intestins, dont les

(*a*) Juillet 1777.

nerfs ſont très-nombreux, & qui par la communication intime qu'ils ont avec ceux de tous les autres viſceres, & généralement de toutes les parties du corps, doivent avoir, & ont en effet, la plus grande influence ſur toutes les fonctions de l'économie animale.

Par la facilité avec laquelle il ſe combine avec nos humeurs aqueuſes, il pénetre avec facilité dans les plus petits vaiſſeaux. Semblable au fluide électrique avec lequel, ſuivant Mr. Nicolas (*a*), il a le plus grand rapport, il parcourt avec la vivacité de l'éclair, le parenchîme des viſceres, & généralement tous les réſeaux mer-

(*a*) Diſſertation chymique ſur les eaux minérales de Lorraine.

veilleux dont notre machine est composée. Il s'insinue entre les molécules des liquides qui y circulent, en soutient la fluidité, divise leurs sels, en prépare l'évacuation par tous les couloirs destinés par la nature à la dépuration de notre sang; enfin par l'interposition de ses parties, par son expansibilité & son élasticité, qui approche de près celle de l'air atmosphérique, il s'oppose aux effets de la pression de l'air extérieur sur nos vaisseaux, dont il soutient les parois, & favorise les oscillations.

Quoique Boërhave ignorât toutes les propriétés de ce fluide aërien, dont nous devons la connoissance aux travaux des Physiciens modernes; cependant la pénétration de ſon génie lui fit preſſentir ce qu'il ne concevoit pas. Tout nous porte à croire, dit-il, qu'il y a dans l'air une vertu cachée que nous ne pouvons déduire des propriétés que nous lui connoiſſons. Sendivogius, &, après lui, d'autres Chymiſtes aſſurent que l'air contient le principe & l'aliment caché de la vie. Nous ne concevons point encore la nature de cet Etre, nous ignorons le mode & l'effet de ſon action : heureux celui qui le découvrira ! qu'il nous ſuffiſe, faute de meilleures connoiſſances, d'en établir la poſſibilité. Cette propriété dépendroit-elle uniquement de ſon élaſticité ? (*a*)

(*a*) *Omnia evincunt eſſe in aëre virtutem quandam abſconditam, quæ ex iis proprietati-*

Telles sont les vertus & les propriétés des principes que nos eaux minérales tiennent en dissolution. Combiné avec un art qui nous est inconnu, ce composé admirable sera toujours au-dessus de toute imitation. Nous avons dépeint au troisieme Chapitre ces corps tels que l'analyse nous les offre, & d'après cette connoissance, nous avons hasardé dans celui-ci quelques conjectures sur leurs vertus. Nous sommes très-éloignés de prétendre en être cru sur notre paro-

bus illius quæ hactenùs in aëre exploratæ sunt, non potest intelligi. Latere in illo vitæ cibum apertè Sendivogius dixerat, alii Chemici asseruerunt. Quid verò illud sit, quomodo agat, quid propriè efficiat in obscuro habetur. Felix qui deteget! indicasse nesciis sufficiat. An sola par. elastica? Boërh. Chem. Tom. I, pag. 266.

le. Dès le commencement de ce Chapitre, nous avons fait ſentir combien nous devons nous déſier des notions que nous pouvons avoir de l'action des médicaments les plus ſimples ſur nous. Que ſeroit-ce, ſi nous entreprenions d'expliquer quelle eſt celle d'un mixte, dont nous ne concevrons jamais la ſavante combinaiſon? Bornons-nous donc encore à ne dire de la vertu de ces principes réunis, que ce que l'obſervation nous en apprend.

§. VI.

De l'action combinée de ces principes réunis.

L'EAU ſeule, par la ténuité de ſes parties, la qualité délayante &

la propriété de diſſoudre toutes les ſubſtances ſalines qu'on lui connoît, ſuffiroit pour guérir toutes les maladies chroniques, ſur-tout celles qui tirent leur ſource de l'acrimonie de nos fluides, ou des embarras qui s'établiſſent dans les viſceres, ſi les entrailles n'étoient trop foibles pour en opérer la diſtribution. Malheureuſement les cas ne ſont pas rares, où les malades ſont réduits à cet état de foibleſſe, qu'ils ne pourroient, ſans s'expoſer aux plus grands dangers, boire une très-petite quantité d'eau commune, quelle qu'en fût la légéreté.

Chargées des principes qui les minéraliſent, nos eaux minérales n'expoſent point à ce déſavantage. Les perſonnes dont les entrailles ſont le moins fortes, & chez leſquelles il paroît y avoir le moins de reſſource, en prennent ſans s'incommoder, & dans un très-court eſpace de tems, une quantité qui ſurpaſſe ſouvent celle d'eau commune, qu'un homme fort & robuſte pourroit prendre ſans inconvénient. Volatiliſées par l'eſprit gazeux & les émanations ſulphureuſes qui les pénetrent, elles commencent, dès l'inſtant qu'elles ſont parvenues dans l'eſtomac, à réveiller les fonctions de cet organe. Les renvois nidoreux qu'elles provoquent, le ſentiment de force & de vigueur qu'on éprouve à cette région, & qui ne tarde point à ſe manifeſter dans les inteſtins, & généralement dans toutes les parties du corps, sont des preuves non équivoques de l'énergie de leur action sur lui, & du rapport intime qu'il y a entre ses nerfs & ceux de tous les visceres. Aiguisées par leurs molécules salines, elles fondent les glaires épaisses qui pourroient s'opposer à leur passage; chargées de tous leurs principes dont l'activité est extrême, elles percent à travers les dernieres ramifications des vaisseaux gastriques & pancréatiques dont elles subtilisent & aiguisent les liqueurs, pénetrent dans les vaisseaux lactés, délaient & adoucissent les sucs qui y circulent, emportent les engorgements qui y existent, & réussissent par-là à guérir les maladies qui dépendent du trouble porté dans l'action combinée de ces organes. Telles ſont les digeſtions viciées, les appétits bizarres & dépravés, les aigreurs, les vomiſſements habituels, les cardialgies, les coliques, les diarrhées, les conſtipations, les maux de tête opiniâtres, le défaut de nutrition, l'épuiſement, la foibleſſe, &c.

Portées dans le torrent de la circulation, elles vivifient toutes les parties ſur leſquelles elles portent. Par l'irritation qu'elles font ſur les nerfs, & par la force qu'elles impriment aux fibres organiques dont elles relevent le ton & l'élaſticité, le mouvement des uns & des autres eſt précipité, la circulation s'anime, les fonctions s'exécutent avec plus d'énergie & de vîteſſe;

delà naît cette espece d'effervescence, cette intensité de mouvement que nous avons dit être nécessaire à la guérison de la plupart des maladies de langueur, dont la cause cantonnée dans les derniers replis des vaisseaux, est souvent au-delà des atteintes & des ressources de la nature. Tels sont les maux chroniques qui naissent de la lenteur & de la ténacité des liquides, & de l'inertie & de la flaccidité des solides. Ainsi elles sont spécifiques dans les obstructions du foie, les oppilations de la rate, l'engorgement des glandes & des vaisseaux mésentériques, les embarras de la veine-porte, dans les fievres intermittentes, la mélancolie, l'hypocondriacisme, & généralement toutes les incommodités qui dépendent de la lenteur & de la dépravation des fonctions des viſceres du bas ventre.

C'eſt auſſi à l'action de ces principes, qu'on doit rapporter les ſuccès étonnants qui ſuivent leur adminiſtration dans les maladies qui attaquent les organes du ſexe, dont elles rétabliſſent ou moderent les évacuations; dans certaines incommodités de la poitrine, dans les embarras des voies urinaires, dans les rhumatiſmes chroniques, la goutte, les douleurs des parties, les maladies de la peau, &c. maladies qu'elles guériſſent en délayant les ſucs trop épaiſſis, & en réveillant l'activité des organes qui préſident à leur évacuation.

Enfin elles guériſſent les maux de nerfs par la vertu calmante & antiſpaſmodique qui réſide dans leur principe gazeux, & que nous avons vue confirmée par les meilleures obſervations. Elles modérent, elles calment leurs mouvements déſordonnés, elles appaiſent leurs convulſions, tandis que par l'irritation douce & ménagée que font ſur eux leurs eſprits ſulphureux volatils, elles les fortifient & les affermiſſent.

D'après ce tableau on croiroit que nos eaux minérales ſont un remede univerſel, & qu'elles duſſent convenir à tous les maux. Il eſt des cas cependant où elles nuiroient infiniment. Tels ſont ceux de toutes les maladies inflammatoires, les accès aigus des maladies chroniques, ceux de la goutte, de rhumatiſme, de l'aſthme, pendant leſquels on doit en ſuſpendre l'uſage. Elles ſont mortelles dans tous les cas de ſuppuration interne, dans la conſomption provenante de la réſorbtion du pus dans le ſang, enfin dans les maladies graves de la tête, telles que l'apoplexie, les affections comateuſes, l'épilepſie.

Les différentes proportions dans leſquelles ces principes ſont combinés dans nos ſources d'eau minérale, leur donnent à chacune en particulier des vertus & des propriétés excluſives, que le Médecin doit connoître, & qui doivent fixer le choix qu'il fait de l'une ou de l'autre d'entre elles pour répondre à tous les cas, & remplir toutes les indications. Cependant quelles que soient les connoissances que nous ont fournies les différentes analyses qu'on en a faites, quels que soient les secours que nous pouvons tirer de l'observation, nous devons avouer que rien n'est plus délicat que ce choix. La diversité des températments qui est extrême, les caracteres propres à chaque maladie, les modifications infinies qu'elles éprouvent dans les différents individus, les forces de l'habitude, la différence de l'âge, du sexe, les accidents qui surviennent pendant leur usage, mettent dans ceci une variété très-difficile à saisir, & qui exige

exige toute la ſagacité d'un Médecin rompu dans leur adminiſtration. (*a*)

Il eſt temps de finir une matiere ſur laquelle nous ne nous ſommes permis que trop de réflexions. C'eſt au temps à découvrir des vérités qui puiſſent répandre ſur un ſujet auſſi obſcur plus de clarté, & fournir matiere à des raiſonnements moins vagues & plus conſéquents.

(*a*) *Has autem aquas ità exhibere rectè, ne ſtimulando vaſa arctent, ne nimiâ copiâ gravando caput ipſum, ejuſque arcem impetant, ne ventriculi functiones affatim ſumptæ pervertant artis eſt vix deſcribendæ. Viribus, humorum conſtitutioni, ſolidorum craſi ità adaptandæ ſunt, ne eas in crimen voces cùm tuum ſit ſcelus ipſas præpoſterè in uſum vocaſſe.* Lorry, de melancholia. Tom. II, p. 231.

§. VIII.

Des vertus de nos Eaux minérales administrées en injection & en bains.

Nos eaux minérales, sur-tout le Pouhon & le Tonnelet, peuvent encore être administrées en injection & en bains. De l'une & de l'autre maniere, elles sont d'un grand secours dans beaucoup de cas où il y a quelque vice local & particulier.

En injection elles remédient efficacement à l'inertie des organes dans lesquelles elles sont introduites; elles en détergent les ulceres & en procurent la cicatrisation. Par conséquent elles sont utiles dans le relâchement des intestins, dont elles tuent auſſi les vers qui y ſont nichés; dans les pertes hémorrhoïdales, la chute de l'anus, &c. Elles ont les mêmes vertus, injectées dans la matrice, dont elles arrêtent ou moderent les évacuations exceſſives & dépendantes du peu de fermeté de ſes vaiſſeaux. Enfin injectées dans l'uretre, elles remédient efficacement à la gonorrhée ſimple & bénigne; elles arrêtent ſans danger l'écoulement des gonorrhées virulentes, quand on a fait précéder les remedes généraux; elles arrêtent les reſtes de ce mal honteux, ſi difficile à guérir radicalement quand il a duré pendant quelque temps.

Ce n'eſt que depuis quelques années qu'on a établi des Bains d'eau minérale chaude au Tonnelet. Rendues plus actives & plus pénétrantes par quelques-uns de leurs principes, qu'elles retiennent malgré le degré de chaleur qu'on leur donne, elles doivent l'emporter, par leur activité, ſur tous les Bains d'eau tiede non minérale, dans toutes les circonſtances où ceux-ci ſont indiqués. Leur partie ſaline rapprochée par ce degré d'ébullition même, & les vapeurs ſulphureuſes qui y tiennent opiniâtrément, & qui ſe manifeſtent à l'odorat, rendent ces Bains recommandables dans tous les cas où il s'agit d'aſſouplir les vaiſſeaux, d'en délayer les ſucs trop épaiſſis, d'étendre, d'adoucir les différentes acrimonies dont ils peuvent être attaqués. Ce ſont ces propriétés, qui les rendent utiles dans toutes les maladies de la peau, telles que les dartres, la galle, les échauboulures, les vieux ulceres qui ſont entretenus par un pus gluant & ſec, en un mot, par-tout où il faut calmer l'acrimonie du ſang, détendre les fibres irritées & en modérer les oſcillations. Réſorbées par les vaiſſeaux inhalants de la peau, ces eaux légérement ſalines & ſulphureuſes s'introduiſent dans le ſang, le délaient, en calment l'efferveſcence, en éteignent les ardeurs, procurent par-là le ſommeil & remédient à la conſtipation, qui l'un & l'autre méritent une attention particuliere de la part du Médecin dans la cure de nos eaux minérales.

Enfin rendues plus actives & plus pénétrantes encore par l'impulsion qu'on leur donne, & par la force avec laquelle on les applique sur une partie déterminée, elles pourront être administrées en douche & avec les plus grands succès, dans la rigidité & l'inflexibilité des articulations, dans les épaississements de la synovie & de la lymphe, dans les tumeurs enkistées & indolentes, qu'elles dissipent & qu'elles fondent par l'ébranlement qu'elles impriment aux glandes, & l'état de division dans lequel elles réduisent les humeurs qui y croupissent.

CHAPITRE VI.

Des préparations qui doivent précéder l'uſage de nos Eaux minérales.

Sincerum eſt niſi vas, quodcumque infundis aceſcit.
HORAT.

L'EXPÉRIENCE que nous allons ſuivre déſormais, eſt indépendante des ſyſtêmes & de leurs révolutions : les ſiecles qui voient ces derniers briller un inſtant, & s'évanouir pour toujours, impriment à celle-ci le caractere ineffaçable de la vérité.

Les obſervations des Médecins qui nous ont précédés dans l'adminiſtration de ces eaux ſalutaires, ſont un tréſor ineſtimable, & des ressources toujours prêtes à fixer notre irrésolution dans les cas difficiles & compliqués : & si quelques changements se sont opérés depuis dans la maniere de prescrire ces eaux, & dans leur direction, ces innovations ne s'écartent point des loix fondamentales qu'ils ont établies, elles n'en sont que des modifications qu'ont apportées des connoissances plus parfaites de leur action & de leurs propriétés.

Laudamus veteres ; sed nostris utimur annis.
OVID. Fastor. Lib. I.

C'est d'après ces modeles que je vais établir des regles de conduite propres à en favoriser les effets, & à concourir avec leur vertu.

Les remedes, quelque actifs

qu'ils ſoient, ne peuvent rien par eux-mêmes ; & ce n'eſt qu'autant que le corps eſt diſpoſé à en recevoir les impreſſions qu'ils produiſent leur effet. Il eſt même des cas, & ces cas ne ſont pas rares, où ils acquierent une qualité toute contraire à celle qu'on auroit droit d'en attendre, ſi le ſujet qui doit être ſoumis à leur action n'y eſt préparé comme il faut.

Le quinquina donné trop tôt, & avant que quelques accès & les remedes appropriés n'aient ſuffiſamment diſpoſé le corps à concourir avec lui à la guériſon de la maladie, loin d'emporter les fievres intermittentes dont il eſt reconnu le ſpécifique, en affermit au contraire les cauſes, par les obſtructions opiniâtres qu'il établit dans les viſceres du bas-ventre, & rend ces fievres rebelles à l'action des remedes le mieux adminiſtrés.

Le mercure à qui nous devons la cure facile & certaine des maladies vénériennes, ne produit ces heureux effets que ſous condition: c'eſt celle de s'être aſſujetti à toutes les préparations qui doivent précéder ſon uſage. Les obſervations de Médecine ſont remplies de ravages affreux, occaſionnés par le trop de précipitation dans l'adminiſtration de ce remede, d'ailleurs ſi innocent, & dont l'efficacité dans ce genre de maladies eſt conſtatée par des ſuccès éclatants.

Egalement célebres dans la cure

d'une infinité de maladies, nos eaux minérales exigent la même circonſpection dans l'emploi qu'on en fait : il exiſte un préjugé contre lequel les Médecins ne peuvent aſſez s'élever ; ce préjugé eſt, que les eaux minérales s'accommodant à tous les tempéraments, peuvent être priſes dans tous les états, dans tous les temps, & ſans aucune préparation, qui, dit-on, ſert bien plus à étendre le domaine de la Médecine en prolongeant les cures, qu'elle ne précautionne contre des dangers qui ne ſont point à craindre, & qui n'ont de la réalité que dans l'eſprit de ceux qui ont intérêt à en ſoutenir l'exiſtence.

Nous n'entreprendrons pas de faire ſentir le peu de ſolidité de ce raisonnement ; son inconséquence saute aux yeux, & l'expérience journaliere le dément. Quelle que soit l'opinion dominante, il n'en est pas moins vrai qu'il est des cas particuliers où nos eaux minérales pourroient produire de très-grands maux, si on les prenoit sans avoir fait précéder les remedes qui peuvent en préparer l'action, ou en modérer l'activité.

Il est une infinité de ces circonstances qui dépendent du tempérament propre à chaque individu, & des caracteres différents attachés à chaque maladie en particulier. Les bornes que je me suis prescrites, m'empêchent d'entrer dans ces détails : il suffira de généraliser mes idées, & de traiter des cas qui ſe préſentent le plus communément.

Ces cas ſont, 1°. la pléthore, 2°. la ſéchereſſe & la ſenſibilité exceſſive des fibres, 3°. l'amas de matieres viſqueuſes qui engluent l'eſtomac & les inteſtins, 4°. l'exiſtence de la ſaburre, ſur-tout celle qui eſt de nature alcaleſcente.

1°. L'homme pléthorique eſt rarement vigoureux. Cette richeſſe, cette abondance de ſang qui l'opprime, il la doit ſouvent à la texture foible & délicate de ſes vaiſſeaux qui prêtent en tout ſens, & n'oppoſent que peu ou point de réſiſtance à leur diſtenſion. Delà les coups de ſang, les hémorrhagies, les inflammations des viſceres auxquels il eſt ſi ſujet.

Le danger qu'il y auroit à boire nos eaux dans cet état, est évident. Leur qualité stimulante & échauffante ajouteroit encore au volume des humeurs par l'orgasme qu'elles y feroient naître, & leur quantité introduite dans des vaisseaux déja trop distendus en nécessiteroit la rupture : il faut donc dans cette circonstance saigner une ou deux fois selon l'exigence du cas.

2°. La sécheresse & la sensibilité excessive de la fibre animale sans être accompagnée des mêmes dangers que l'état précédent, est plus fatigante par l'état de souffrance dans lequel elle jette ses malheureuses victimes. La sensibilité est extrême chez ces personnes, le moindre changement même en mieux les tracaſſe; la plus légere impreſſion eſt pour elles une ſenſation qui les affecte fortement & les déchire. Dans ce cas, il eſt de la prudence de diminuer cette ſenſibilité, en aſſoupliſſant les fibres trop roides & trop élaſtiques. On y parvient, non par les ſaignées, qui ne conviennent nullement ici, mais par les bains tiedes, dont l'uſage doit être ſoutenu pendant quelques jours. Ceux du Tonnelet rempliſſent parfaitement cette indication.

3°. Les viſcoſités qui engluent l'eſtomac & les inteſtins, l'amas de matieres gluantes & gommeuſes qui flottent dans leur cavité, s'oppoſent à la filtration des eaux, à travers le ſyſtême des vaiſſeaux mésentériques. Elles réduisent à rien l'action de leur esprit éthéré volatil sur les houppes nerveuses de ces parties. Elles ont de plus le désavantage de se saisir des parties terrestres & ferrugineuses des eaux minérales, de les retenir fortement, & de former avec elles des concrétions dures & platreuses qui fatiguent les entrailles par leur poids incommode, donnent naissance à des nausées, à des accès de colique, qui tracassent le malade pendant toute la cure, & finissent par augmenter les embarras, & rendre les obstructions plus rebelles & plus opiniâtres. On doit dans ce cas, vuider l'estomac par un léger vomitif, tel que l'ypécacuanha, dont l'effet est toujours sûr, reconnue dans tous les cas où les premieres voies ſont farcies d'humeurs glaireuſes & tenaces, & débarraſſer les inteſtins par des purgatifs amers & inciſifs, tels que les préparations aloëtiques, le diagrede, les ſels neutres, &c.

4°. La diſpoſition du malade la plus contraire à nos eaux, & qui, ſelon Boerhave, (*a*) en rend l'uſage toujours ſuſpect, ſouvent dangereux, eſt celle où la bile rendue plus âcre & plus réſineuſe par un trop long ſéjour dans ſes réſervoirs, entretient un foyer putride dans les premieres voies, & fait naître dans nos humeurs une diſ-

(*a*) *Si alcali prædominetur, Aquæ Spadanæ etiam nocent.* Boerhav. de nervorum morbis, p. 181.

position alcalescente. Il est alors d'une nécessité indispensable d'en changer la nature par des boissons acides & antiseptiques, d'en préparer l'évacuation par les fondants que nous fournit le regne végétal, enfin de la précipiter hors des intestins par des purgatifs appropriés.

CHAPITRE VII.

Regles de conduite que l'on doit ſuivre pendant la cure des Eaux.

Dura aliquis præcepta vocet mea ; dura fatemur
Eſſe : ſed ut valeas multa dolenda feres.

OVID.

INSENSIBLEMENT nous ſommes parvenus au point le plus intéreſſant de ce traité, qui eſt le régime qui doit accompagner l'uſage des eaux minérales, en faciliter la diſtribution dans les vaiſſeaux, & concourir avec elles au rétabliſſement du malade qui les prend. C'eſt ici que les pouvoirs de l'art égalent ceux de la nature : c'eſt de la méthode que le Médecin ſuit dans l'adminiſtration de ces eaux, que dépendent leurs bons ou mauvais ſuccès ; & cette ſcience qui ne peut s'acquérir que par une étude profonde de leurs vertus & de leurs propriétés, ſera toujours bien au-deſſus des connoiſſances ſuperficielles des charlatans, dont le grand art eſt de couvrir leur impéritie par un jargon apprêté & dédaigné par les vrais Médecins. Semblables aux harpies qui ſaliſſent tout ce qu'elles touchent, ces frelons de la Médecine abuſent du préſent le plus précieux que pût nous faire l'Etre Suprême : nos ſources ſalutaires, maniées par d'auſſi mauvaiſes mains, ſe changent ſouvent en un poiſon ſubtil, qui porte la mort dans les veines des triſtes victimes dont ils vuident la bourſe & ruinent la ſanté.

Ces abus qui peuvent avoir des ſuites fâcheuſes, ont réveillé l'attention du Souverain : ſa ſageſſe a dicté des loix qui arrêteroient le mal à ſa ſource, ſi l'on n'étoit forcé à une eſpece de demi-tolérance, par la raiſon qu'on n'a droit ſur la confiance des hommes que juſqu'à un certain point, & que la liberté publique mérite beaucoup d'égards.

Les maladies qui parcourent leur temps avec rapidité, & dans leſquelles la fievre eſt l'agent dont ſe ſert la nature pour en vaincre les cauſes & les amener à une heureuſe terminaiſon, les maladies aiguës ont toutes la même théorie & ſe guériſſent par les mêmes moyens, leur régime eſt le même par-tout. Il n'en eſt point de même des maladies chroniques : souvent la même cause produit des symptômes opposés, & qui exigent des remedes différents. Les mêmes préceptes de diete, loin de convenir à toutes, s'excluent mutuellement ; & prétendre embrasser tout ce qu'on pourroit dire à ce sujet, seroit s'exposer à être long, ennuyeux, peut-être inutile.

Il est cependant des regles générales dont on ne peut s'écarter, & dont l'oubli peut être suivi des plus fâcheux accidents. C'est d'elles que je me propose de parler dans ce Chapitre.

J'ai peu de secours à attendre ici de mes prédécesseurs : uniquement occupés de l'analyse des eaux qu'ils administroient, jaloux de transſmettre à la poſtérité l'hiſtoire de leurs ſuccès, & de l'enrichir de leurs obſervations, les traités qu'ils nous ont laiſſés, ne contiennent preſque rien du régime qui doit y être obſervé. Servilement attachés à des pratiques minutieuſes, ou vaincus par les préjugés attachés à leur âge, il n'ont établi que des regles vagues & trop générales pour être utiles. Excepté Mr. J. P. de Limbourg, qui eſt entré dans quelques détails, & qui le premier a oſé réformer des abus accrédités par l'uſage, & appuyés de l'autorité des Anciens, perſonne avant lui n'a traité cette matiere comme elle devoit l'être.

§. I.

De la saison la plus favorable à la cure des Eaux.

QUOIQUE nous ayons des exemples de cures opérées par nos eaux pendant les hivers les plus rigoureux, cependant la saison que l'expérience a démontré être la plus favorable à leur usage, est celle où le ciel est pur & sérein & la chaleur médiocre. Cet état de l'athmosphere regne ordinairement à Spa depuis la mi-Mai jusqu'à la fin de Juillet, & depuis le commencement de Septembre jusqu'au vingt Octobre. Un temps plus froid exposeroit les buveurs d'eau, surtout ceux qui ont l'estomac sensible & les nerfs irritables, à des accès de colique fort douloureux : des chaleurs trop fortes par la raréfaction qu'elles porteroient dans le ſang, déja mis en mouvement par l'action des eaux, donneroient naiſſance à des fievres inflammatoires, où à des fontes d'humeurs précipitées qui l'une & l'autre peuvent avoir leurs dangers.

Un des inconvénients qui ſuit ordinairement l'uſage qu'on fait de nos eaux, pendant les grandes chaleurs, eſt la tendance qu'elles ont de s'évacuer à travers le crible de la peau par des ſueurs quelquefois exceſſives; évacuation qu'une longue expérience a toujours fait regarder comme la moins avantageuſe, & bien inférieure à celle qui ſe fait ou par les selles, ou par les voies urinaires.

§. II.

De l'heure qu'on doit choisir pour se rendre aux Fontaines.

La même raison exige qu'on soit aux fontaines & qu'on en prenne les eaux de grand matin. Elles sont alors plus fortes & plus spiritueuses. L'athmosphere rendu plus pesant par la condensation qu'il éprouve pendant la fraîcheur de la nuit, presse encore la surface des eaux, & s'oppose à l'évaporation de leurs esprits singuliérement volatils, & dont la moindre chaleur facilite la dissipation.

Les jours dont les matinées sont froides ou pluvieuses, on doit y aller plus tard, & attendre que les rayons du ſoleil aient réchauffé l'air, qui pour lors eſt toujours très-froid à Spa. On peut même dans ces circonſtances les prendre à ſa chambre hormis la Géronſtere, qui ne peut ſouffrir d'être tranſportée ſans perdre beaucoup de ſes vertus.

§. III.

La quantité d'Eau qu'on doit prendre.

UN objet intéreſſant, & qui doit être fixé avec attention, eſt la quantité d'eau qu'on doit prendre chaque jour. A en croire les Anciens, & ſur-tout Ab-héers, qui a pratiqué la Médecine à Spa avec beaucoup de ſuccès, elle doit être exceſſive, & bien peu de perſonnes la soutiendroient aujourd'hui. Que personne, dit-il, ne vienne à Spa pour y entreprendre la cure de nos eaux, si elle n'est en état d'en prendre quatre-vingts onces au moins, & cela en moins d'une demi-heure : sentiment plus étrange encore que le premier, & qui devoit exposer ceux qui y souscrivoient aux plus fâcheux accidents.

Heureusement le temps a démontré la fausseté de cette maxime, & le danger de cette pratique. Mr. J. P. de Limbourg, frappé de ce défaut essentiel dans l'administration de nos eaux, & effrayé des ravages que le volume énorme de ce liquide, introduit subitement dans le sang, pouvoit produire, eut le courage de fronder les usages reçus & accrédités. De moindres quantités d'eau, prises à des intervalles plus longs, rendirent les cures plus sûres & moins sujettes à des revers, on sentit le mérite de l'innovation, & l'ancienne pratique fut abandonnée.

§. IV.

De l'intervalle qu'on doit mettre entre chaque verre d'Eau.

BOIRE les eaux avec trop de précipitation, c'est s'exposer à des gonflements incommodes d'estomac, qui se trouve tiraillé par un volume d'eau trop considérable, pris coup sur coup. Il est prudent de laisser entre chaque verre un intervalle de dix minutes au moins. Par cette précaution on donne à ce viscere le temps de réagir sur les eaux qu'il contient, & de les pousser dans les intestins.

Si, malgré cette précaution, les eaux pesoient, ce qui se reconnoît à un sentiment de pesanteur qu'on éprouve au creux de l'estomac, & à des tentatives infructueuses de faire des renvois qui soulagent dans ce cas, on peut faire usage de quelques dragées aromatiques, qui en facilitent la distribution, entre lesquelles je donne la préférence aux tablettes de menthe poivrée, qui joignent à la qualité d'être un bon stomachique, celle d'être un antispasmodique excellent.

A cette précaution on peut ajouter celle de se couvrir l'estomac d'une piece de flanelle ou d'une peau de cigne, qui puiſſe y entretenir un degré de chaleur propre à diminuer ſur ce viſcere l'impreſſion trop vive & inſolite du froid qu'il éprouve par la quantité d'eau froide dont il eſt gorgé.

Il eſt encore une circonſtance où l'application de la flanelle peut être d'une grande utilité, & qui concerne particuliérement ceux qui font uſage de la Sauveniere ou de la Groesbeck, pour quelques maladies des voies urinaires; dans ce cas les vœux du Médecin doivent être, que ces eaux prennent cette route pour en emporter les graviers, ou en déterger les ulceres: je puis aſſurer que l'application d'une piece de laine ſur la région des reins, ou de tout autre corps qui puisse y déterminer une transpiration plus abondante que partout ailleurs, a toujours répondu à l'idée avantageuse que je m'en étois formée; sur-tout, si après avoir pris demi-gros de quelque sel diurétique, tel que le nitre, le malade prenoit ses eaux dans de plus petits verres & à plus de reprises.

§. V.

Temps du départ des Fontaines.

ENFIN on doit se garder de partir des fontaines, sur-tout si on est à cheval, avant qu'il ne se soit écoulé un quart-d'heure au moins entre le dernier verre & le moment du départ. En agir autrement, c'est s'exposer à fatiguer son

ſon eſtomac par le poids de l'eau qu'il contiendroit encore, & dont il eſt prudent qu'il ſoit débarraſſé avant de ſe mettre en chemin.

§. VI.

Mêlange du lait avec nos Eaux minérales, ſon utilité.

LE mêlange heureux du lait avec nos eaux minérales, & ſurtout avec la Géronſtere & la Sauveniere, n'étoit que peu ou point connu avant Fréderic Hoffman & le célebre Boërhave. Ce dernier eſt un des premiers qui ait reconnu cette propriété ſinguliere de nos eaux, de s'oppoſer au caillement du lait, & d'en faciliter le paſſage dans le ſyſtême des vaiſseaux. Sa pénétration lui fit entrevoir de grands avantages de l'usage de nos eaux, ainsi coupées avec cette liqueur précieuse dans les maladies consomptives & dans les différentes acrimonies qui dépravent nos humeurs. Ses tentatives furent heureuses, les succès en furent si marqués, & les cures si brillantes, qu'il les compare à des miracles opérés par une main divine.

§. VII.

Des Aliments.

L'ÉCUEIL le plus dangereux, & celui où le commun des malades ne fait que trop souvent naufrage, sont les abus de la table.

Quelle qu'en fût l'utilité, j'aurois mauvaiſe grace de prétendre les ramener aux anciens uſages, & de leur impoſer les loix ſéveres du régime qu'on y obſervoit. Une ſoupe composée d'herbes aromatiques, qu'on alloit cueillir ſur nos rochers, un plat, rarement deux, composé d'aliments ſimples & ſains, qui n'avoient d'autres aſſaiſonnements que ceux que leur fourniſſoient quelques aromates, que le pays donnoit, tels que le thym, le cerfeuil, le fenouil; des poulets, du veau, du mouton rôti, des truites, des écreviſſes étoient les ſeuls mets connus dans cet endroit ſauvage, les ſeuls qui y fuſſent tolérés. La faim, que l'uſage de nos eaux aiguiſe bientôt, & à laquelle des promenades longues & pénibles donnoient la plus grande activité, rendoit cette nourriture autant délicieuse qu'elle étoit utile par sa simplicité.

Les temps sont bien changés. Les riches, que leur grandeur importune, & qui traînent à leur suite tous leurs besoins, même dans les endroits où ils sont le plus difficiles à contenter, ont changé la face de Spa. On s'est vu dans la nécessité d'y établir des auberges, où on mange aussi délicatement, & peut-être à un prix plus modique, que dans aucune ville de l'Europe. Les Grands y tiennent des tables ouvertes sur lesquelles les délices des Cours sont répandues avec profusion, & auxquelles le malade qui y eſt admis, ne peut guere échapper au danger de la ſéduction.

En s'abandonnant aux compagnies qui peuvent le diſſiper, & affoiblir en lui cette moroſité plus inſoutenable ſouvent que la maladie même, le malade peut choiſir dans la multiplicité des mets qu'on lui préſente, ceux qui lui conviennent davantage, & s'abſtenir de ceux qui pourroient lui nuire. Mais un point eſſentiel, & auquel il ne peut faire aſſez d'attention, c'eſt que la quantité exceſſive bien plus que la qualité des aliments peut lui devenir funeſte. Il eſt des cas rares, où les aliments les plus bizarres & les plus mal-faiſants en apparence, guériſſent des maladies rebelles au régime le plus scrupuleux ; au-lieu que la trop grande quantité d'aliments, même les plus sains, n'a jamais produit que du mal. Si les organes destinés à l'assimilation des aliments, dont l'estomac est l'essentiel, & dont l'état bon ou mauvais influe sur celui de tous les autres, sont trop foibles pour agir sur la quantité qu'on en a prise, au-lieu de se changer en notre substance, ils se corrompent, & subissent chacun en leur particulier les changements qui leur sont propres ; ils fournissent chacun leur acrimonie, & comme corps étrangers ils irritent & ne nourrissent point.

Les aliments dont il est bon de s'abstenir sont :

1°. Ceux qui ſont gras, & qui par leur onctuoſité augmentent encore le relâchement & la flaccidité des fibres de l'eſtomac, épaiſſiſſent la ſalive, les ſucs gaſtrique & inteſtinal, la liqueur pancréatique, la bile, &c. dont ils émouſſent l'activité, & s'oppoſent par-là au travail eſſentiel de la digeſtion, qui eſt toujours imparfaite & ne peut fournir que de mauvais réſultats.

2°. Ceux que trop de viſcoſité, ou une glu impénétrable aux ſucs digeſtifs rend incapables d'être digérés & de s'aſſimiler à nos humeurs, qui gênent par conſéquent l'eſtomac & l'incommodent par leur poids. Tels ſont toutes pâtiſſeries, les gâteaux au riz, les extrémités des animaux, les fritures, les poissons sans écailles, &c.

3°. Les viandes naturellement dures, particuliérement celles de sanglier, de cerf, ou rendues telles par la fumaison & la salaison, dont la fermeté élude les forces digestives, & qui produisent tous les maux qui peuvent naître de leur séjour & de leur corruption.

4°. Tous les aliments qui ont une tendance à l'alcalescence, qui sympatise si peu avec nos eaux, les décompose & les rend d'un usage suspect. Telles sont toutes les viandes de haut goût, le chevreuil, le lievre, la becasse, sur-tout les oies, les canards, le cochon, auxquelles, pour les mauvaises qualités qu'elles réunissent toutes, on peut rapporter les ragoûts, & tous les raffinements d'une cuiſine incendiaire & deſtructive.

Non dedit has natura dapes, hæc pharmaca tantum
Eſſe jubet. GEOFFROI HYGIEINE, pag. 67.

5°. Les légumes farineux, qui contiennent beaucoup d'air, qui ſe développe dans les premieres voies, les diſtend par ſa raréfaction, les irrite par ſon acrimonie, & peut donner naiſſance à des coliques vives & douloureuſes. Tels ſont les pois, les feves, &c.

6°. Enfin, les aliments qui par leur acidité trop forte peuvent irriter les nerfs déja trop ſenſibles. Tels que les groſeilles, les ceriſes, & généralement tous les fruits aigrelets avant leur parfaite maturité.

Les aliments dont il convient de faire usage sont :

1°. La viande tendre des jeunes animaux, tels que le bœuf bien nourri & médiocrement gras, le veau, le mouton, sur-tout celui de ce pays, auquel Mr. Lorry accorde de grandes qualités, les poulets, les chapons, les poulardes, les pigeonnaux, les perdreaux, &c. Toutes ces viandes sont celles qui conviennent le plus, aux personnes foibles & chez qui les fonctions sont languissantes. En général on doit les préférer rôties. Riches de tous leurs sucs, qui sont encore rendus plus actifs par l'action du feu, elles nourrissent davantage ; & sous un moindre volume, que les viandes bouillies, auxquelles l'eau a enlevé tout ce qu'elles contenoient de mucilage, qui eſt la ſeule partie nutritive, que Mr. Lorry, & avec lui tous les meilleurs Phiſiologiſtes, reconnoiſſe dans les différents corps que la nature a deſtinés à notre nourriture.

2°. Les poiſſons de riviere, les truites & les écreviſſes de nos ruiſſeaux, dont la chair eſt légere & d'un goût exquis, fourniſſent un bon chyle, & peuvent être digérés par les eſtomacs les plus foibles.

3°. Enfin les légumes tendres, & les fruits bien mûrs & fondants, ſont des aliments délicieux que de faux préjugés proſcrivirent jadis du régime impoſé aux buveurs d'eau.

C'est encore au grand Boërhave que nous devons le bien d'en connoître le prix & les vertus. Mr. Tissot aussi ne tarit point sur les éloges qu'il en fait. Leur jus, dit-il, qui est de tous les savons le plus doux, le plus fondant, le plus agréable, le seul nourrissant & fortifiant, conserve à la bile sa fluidité, enleve les obstructions, excite les intestins paresseux, guérit la mélancolie qui dépend des obstructions du bas-ventre, & convient extrêmement à ceux qui sont exposés à des fievres inflammatoires, ou à ceux qui tombent dans des fievres lentes produites par le desséchement ou par l'âcreté putride des humeurs : ils sont sur-tout le spécifique des maladies qui dépendent de la corruption de la bile. (*a*)

§. VIII.

De la Boiſſon.

EN général le vin eſt la boiſſon à laquelle on doit donner la préférence, pourvu qu'il ſoit bien mûr, & qu'on en prenne avec modération. Peu de perſonnes s'accommodent de la bierre, qui nourrit trop, & qui peſe ſouvent ſur l'eſtomac de ceux qui y ſont peu accoutumés. Cependant celles qui en font leur boiſſon ordinaire, peuvent en boire à leurs repas, pourvu qu'elle ſoit légere & bien cuite. Le choix du vin n'eſt pas indifférent. Le vin rouge, & ſur-tout le

(*a*) Traité des maladies des gens de Lettres.

vin de Bourgogne doit être adopté par ceux dont la constitution est foible & relâchée. Au contraire, ceux qui pechent par l'acrimonie des humeurs, qui sont échauffés & dont l'état exige une boisson apéritive & rafraîchissante, doivent s'en abstenir & y substituer les vins blancs & diurétiques, tels que le vin du Rhin, ou de Moselle, dont l'âge a corrigé l'acide & l'âpreté.

Comme les eaux minérales portent à la tête, il est prudent de tremper son vin avec de l'eau simple & fraîche, ou avec de l'eau minérale. Le Tonnelet a ici un avantage sur toutes les autres fontaines. Ses eaux coupées avec le vin, lui donnent un montant qui, non-seulement plaît, mais qui, dans bien des cas, peut ſervir à réveiller les fonctions engourdies d'un eſtomac froid & pareſſeux, & qu'il eſt bon de ſolliciter.

Quelques Auteurs ont cru fondé, je ne ſais ſur quel principe, que l'uſage de nos eaux minérales aux repas pouvoit être ſujet à quelques inconvénients. Sans prétendre aſſurer qu'elles puiſſent convenir généralement à tout le monde, nous pouvons nous en rapporter à l'expérience dont les déciſions doivent toujours l'emporter ſur les meilleurs raiſonnements. Les habitants de Spa en font depuis pluſieurs ſiecles leur boiſſon ordinaire, & en général il eſt peu de peuples qui aient l'eſtomac plus robuſte. L'étranger aime à les mêlanger avec son vin, cet usage s'est même établi dans les principales villes de l'Europe sur l'autorité de Boërhave, qui les recommandoit ainsi coupées avec le vin, aux enfants foibles & rachitiques, sans que jamais cet usage ait été suivi du moindre revers. La seule précaution qu'il y ait à prendre, c'est d'être modéré sur la quantité qu'on en prend. Une boisson trop abondante, en noyant les sucs digestifs, en diminue l'activité. L'estomac distendu, tiraillé par la quantité excessive d'eau qu'on a bue, travaille imparfaitement les les aliments qui lui sont confiés : ils sont précipités dans les intestins avant d'avoir subi les changements qu'il doit produire en eux;

eux; les digeſtions ſont viciées, & ſuivies de près du défaut de nutrition & de l'affoibliſſement de la machine.

Ces réflexions nous conduiſent naturellement à dire un mot de l'abus ſi répandu aujourd'hui des boiſſons chaudes.

De toutes ces boiſſons la plus mal-faiſante, & celle qui s'accorde le moins avec nos eaux minérales, eſt le thé : feuille meurtriere, qui a cauſé des maux infinis, & dont l'uſage eſt preſque univerſel. Son principe aſtringent nuit ſurtout aux Buveurs d'eaux minérales-ferrugineuſes, par la propriété qu'il a, de précipiter le fer de ces eaux, d'en rendre l'effet nul ſur le corps humain, & de produire des conſtipations opiniâtres par l'amas de ce minéral accumulé dans les inteſtins.

Le café, qui ſeroit un des meilleurs ſtomachiques amers, ſi on n'en faiſoit uſage qu'au beſoin, nuit infiniment par l'abus qu'on en fait. Son huile amere, âcre & aromatique eſt, on ne peut plus, préjudiciable aux perſonnes ſeches, délicates, & dont les nerfs ſont foibles, & très-irritables. Il convient, au contraire, à celles dont les fibres ſont lâches & abreuvées, & qui rendent leurs eaux difficilement.

Une boiſſon dont il ſe fait encore une grande conſommation, eſt le chocolat. Son uſage doit être adopté par toutes les perſonnes foibles & languiſſantes, qui ont beſoin d'une prompte réparation. On doit ſe garder des aromates qu'on y fait entrer; ordinairement leur uſage échauffe. Il contient beaucoup d'huile, qui ſe digere mal par les eſtomacs foibles. En général, il ne convient point aux perſonnes qui ſouffrent d'obſtructions.

§. IX.

De l'ordre qu'on doit mettre à ſes repas.

POUR terminer ce qui concerne les aliments & les boiſſons, auxquelles on doit donner la préférence pendant la cure des eaux minérales, il me reſte encore à parler de l'ordre qu'on doit mettre à ſes repas.

En général, les eaux ne doivent jamais se rencontrer dans l'estomac avec les aliments. L'action des eaux en pourroit être troublée, & réciproquement la digestion de ceux-ci se feroit mal. C'est pourquoi il est de la prudence de ne déjeûner qu'une heure ou deux après qu'on est de retour des Fontaines.

Le souper doit être fort léger : on doit en bannir les viandes, & généralement tous les aliments qui se digerent difficilement. Un bouillon, du pain, du biscuit, du fruit bien mûr & rendu plus savonneux avec le sucre, un gobelet de vin peut suffire à des malades qui doivent se lever le lendemain de grand matin, & boire des eaux qui exigent un eſtomac vuide & en état d'en recevoir l'impreſſion.

Quant au dîner, il eſt difficile d'établir des regles générales là-deſſus : la coutume, la différence des tempéraments, les maladies même, mettent dans ceci une variété qu'il eſt impoſſible de ſaiſir, & qui exigeroit des détails qui n'entrent point dans mon plan. L'expérience, dit Mr. Gaubius dans ſa Pathologie, (*a*) nous apprend que les hommes mettent & ſupportent une variété étonnante dans leur façon de vivre ; de ſorte qu'on diroit qu'il n'y a preſque rien de conſtant ni de certain qui mette une différence entre l'uſage ſalutaire & l'abus des aliments.

(*a*) Page 221.

On peut cependant poser comme regle générale, & dont la transgression a souvent de mauvaises suites, qu'on doit se défier de l'appétit qu'on apporte à table, pendant qu'on boit les eaux; qu'il est mal-sain de s'y abandonner inconsidérément, souvent dangereux de le contenter tout-à-fait.

Enfin, s'il y a des inconvénients à craindre de s'en tenir opiniâtrément à un seul & unique aliment, même le plus sain, parce que cela émousse les sensations, & met l'estomac dans la désuétude d'en digérer d'autres; il n'est pas moins périlleux de le surcharger d'une multiplicité de mets différents : rien ne nuit tant à la digestion que ce mèlange.

CHAPITRE VIII.

De la nécessité de l'exercice.

IL n'est rien où le Médecin rencontre plus d'opposition chez ses malades, & sur-tout chez les femmes délicates & vaporeuses, que dans ce point intéressant du régime qui est l'exercice. Ardents à défendre leur inaction, ces malades s'aigrissent, & se refusent aux plus vives sollicitations; c'est les mettre dans un état violent, de les tirer de leur solitude.

On ne doit cependant point attendre de grands effets de nos eaux, même prises avec l'exactitude la plus scrupuleuse, si on manque à ce point essentiel. Quelle que ſoit l'activité du fer ainſi diſſout dans nos eaux, ſon action ne ſubſiſte, qu'autant de temps qu'il roule dans les vaiſſeaux : dès qu'il en eſt ſorti, elle ceſſe, il ne reſte à la fibre, que celle qu'il lui a communiquée par irritation, & cette force s'évanouit bientôt, ſi on ne l'entretient par le mouvement & l'exercice. Boërhave eſt précis là-deſſus, & il ôte tout eſpoir de guériſon aux malades qui refuſeroient de s'y aſſujettir.

En leur recommandant l'exercice, je ſuis bien éloigné de leur permettre des mouvements violents & long-temps continués, qui pourroient les épuiſer. Cet abus entraîneroit après ſoi les plus fâcheux accidents.

De tous les exercices qui leur conviennent, la promenade au grand air eſt celui auquel je donne la préférence, ſur-tout ſi elle ſe fait à cheval. Cet exercice, ſi recommandé par Sydenham, eſt excellent pour la tête & pour la poitrine, qu'il fortifie; mais ſur-tout pour les viſceres du bas-ventre, dont il emporte les obſtructions les plus invétérées. On ne doit jamais le prendre d'abord après le repas; l'eſtomac en ſouffriroit & la digeſtion en ſeroit interrompue. Ces promenades doivent ſe faire avant ou quelques heures après le dîner.

Si les premiers exercices fatiguoient d'abord, & paroiſſoient même faire plus de mal que de bien, on ne doit pas pour cela les abandonner; le corps s'y fera à la longue, & peu-à-peu on parviendra à prendre beaucoup de mouvement sans fatigue & avec les plus grands succès.

Levat morientia motus
Corpora, queis frustrà Phœbus pater ingerat herbas.

GEOFFROI HYGIEINE, pag. 109.

CHAPITRE IX.

Des légeres incommodités qui peuvent ſurvenir pendant l'uſage de nos Eaux minérales & des remedes qui leur ſont propres.

NÉ pour ſouffrir, l'homme auroit droit de ſe plaindre de la nature, ſi cette loi n'étoit générale, & n'enveloppoit tous les êtres vivants. Il n'eſt point de plaiſir pour lui qui n'ait ſes peines.

Medio de fonte leporum
Surgit amari aliquid.

La ſanté ne s'acquiert, ne ſe ſoutient que par les privations ; & ſi par une fatale néceſſité qui eſt attachée à ſon exiſtence, les agents extérieurs à l'action deſquels il ne peut se soustraire, l'alterent ou la détruisent ; pour reculer l'instant fatal qu'il craint & qui est inévitable, il est obligé de lutter contre la répugnance qu'il a pour des remedes amers & dégoûtants, & de souffrir tous les maux dont leur action sur lui n'est point toujours exempte.

Si la nature a épargné à nos eaux le premier de ces inconvénients, leur usage n'est point toujours à l'abri du second. Il est quelquefois accompagné de quelques incommodités qui rarement ont du danger, & qui souvent finissent d'elles-mêmes, ou cedent à l'administration de quelques remedes légers.

Elles dépendent, ou de l'inertie & du relâchement de l'eſtomac & des inteſtins, ou de la ſenſibilité extrême de la fibre & de l'irritabilité des nerfs.

Dans le premier cas, les eaux croupiſſent dans l'eſtomac & le canal inteſtinal; elles paſſent difficilement : le malade a le ventre tendu, la reſpiration eſt gênée par le refoulement de l'eſtomac vers la poitrine; il a la tête peſante, & ce n'eſt que difficilement qu'il ſe défend du ſommeil qui l'accable; quelquefois il ſe plaint de colique, le plus ſouvent il n'éprouve que des borborygmes qui le tracaſſent & l'inquietent. Tous ces accidents cedent à l'uſage de quelques gouttes ſpiritueuſes & aromatiques, telles que la liqueur anodine de Hoffman, l'esprit carminatif de Sylvius, l'esprit de lavande composé, l'eau de menthe poivrée, &c. sur-tout si on y ajoute quelque teinture amere & stomachique, telle que l'élixir visceral de Hoffman, &c.

Les accidents qui tirent leur source de l'éréthisme des fibres, & de l'irritabilité des nerfs, sont le vertige, les maux de tête, l'insomnie, les spasmes qui affectent quelque partie, ou qui se généralisent, les douleurs sourdes des articulations, la courbature, les horripilations, la fievre, tous ces symptômes cedent à la diete, aux boissons acidules & rafraîchissantes, aux lavements d'eau simple, & à la saignée, s'il y a plénitude ou dureté du pouls. Si la prudence exige alors qu'on interrompe l'usage des eaux pour quelques jours, jusqu'à ce que les nerfs soient calmés, ce seroit manquer de discernement & de courage de les abandonner tout-à-fait. Il est même dans l'ordre des choses que la fievre se mette quelquefois de la partie pendant l'administration des remedes qu'on oppose aux maladies longues & invétérées. La plupart des maux chroniques, & sur-tout les maladies convulsives du sexe, qui dépendent d'un dérangement dans les évacuations qui lui sont propres, ont besoin d'être changés en aigus pour les amener à une heureuse terminaison. C'est ici que la sentence d'Hyppocrate se vérifie ; savoir, que la fievre met fin à la convulsion.

Les hypocondriaques & les femmes vaporeuses sur-tout, sont sujets à se trouver mal des eaux dans le commencement ; quelquefois même cette mauvaise disposition se soutient tout le temps qu'on les prend ; il ne faut point pour cela les abandonner, dit Sydenham. Il conseille dans ce cas de prendre, en se couchant, le *laudanum*, étendu dans quelque eau antispasmodique. (*a*)

Il est encore une incommodité qui peut devenir de conséquence quand on la néglige, & qui n'est rien quand on y prête attention. C'est

(*a*) *Sydenham Opera, Tom.* 1, *pag.* 271.

C'eſt la conſtipation qui eſt un effet dépendant de l'action du fer contenu dans nos eaux. De légers eccoprotiques donnés à des intervalles peu éloignés, les bains tiedes, un régime végétal & rafraîchiſſant obvient à cette incommodité. L'uſage de ces doux purgatifs ne juſtifie aucunement l'abus qu'on fait quelquefois des draſtiques & d'autres purgatifs violents, qui nuiſent infiniment, & détruiſent en un jour le bien que nos eaux pourroient avoir fait en pluſieurs ſemaines. On doit être certain, dit Sydenham, que dans toutes les maladies où la foibleſſe eſt le vice dominant, & dans leſquelles il eſt néceſſaire d'inſiſter ſur les toniques & les fortifiants, les évacuations telles qu'elles soient nuisent toujours.

Je passe à deux précautions utiles, & qui peuvent trouver ici leur place.

La premiere regarde les personnes du sexe qui doivent s'abstenir de prendre ces eaux pendant le temps de leurs regles. Ceci souffre cependant une exception, c'est celle où on les prendroit pour la suppression ou le retardement de cette évacuation ; alors il faut les continuer, même dans ce période, mais en diminuer la dose, & les boire moins brusquement.

La seconde concerne tous les Buveurs d'eau en général. C'est de mettre un frein à leurs passions, d'être sur-tout très-réservés dans l'uſage des plaiſirs de l'amour, & de fuir comme un très-grand mal tout ce qui peut les occuper trop fortement & leur affoiblir le corps en fatigant leur eſprit.

CHAPITRE X.

Des remedes qui doivent quelquefois accompagner l'uſage des Eaux minérales en qualité de ſubſidiaires.

S'IL eſt des cas, où il eſt néceſſaire d'en venir à certains remedes qui puiſſent tempérer l'action trop vigoureuſe de nos eaux, ou obvier aux inconvénients qui réſultent quelquefois de leur uſage, il eſt auſſi des circonſtances dans leſquelles on en appelle d'autres au ſecours de ces mêmes eaux, quand elles n'ont point aſſez d'énergie pour vaincre des maux rebelles & opiniâtres.

Ces cas ſont, 1°. quand la cauſe

qui entretient la maladie, eſt au-delà des atteintes de la nature & réſiſte à l'activité de nos eaux minérales. Cela a principalement lieu dans les obſtructions invétérées des viſceres du bas-ventre, qui tirent leur ſource de l'inertie des ſolides & de l'épaiſſiſſement de fluides. Cantonnées dans les derniers replis des vaiſſeaux dans leſquels la circulation eſt toujours très-lente, ce n'eſt que par la combinaiſon des remedes les plus actifs qu'on peut parvenir à les ébranler & à les fondre. En combinant les fondants apéritifs avec les eaux, on réuſſit ordinairement à vaincre cette maladie rebelle; mais il faut toute la prudence du Médecin pour ſe tirer de ce pas délicat.

Le second cas est dans l'inertie, & le relâchement total de la machine, qui succede assez ordinairement aux évacuations excessives, à l'usage immodéré des boissons chaudes, à l'abus des bains tiedes, à une diete outrée, &c. Les toniques amers & astringents conviennent beaucoup ici, tel que le quinquina, qui, pris avec nos eaux, peut se donner avec avantage, même dans la circonstance où quelque obstruction pourroit en rendre l'usage suspect.

Au contraire, quand la fibre est trop seche, trop tendue, alors il faut user de remedes contraires à cette disposition. Les bains tiedes, les lavements d'eau douce remplissent cet objet. J'en ai parlé plus amplement au Chapitre cinquieme.

Enfin, si des passions violentes, ou une vie remplie d'excès ont jetté les nerfs dans le dernier état de foiblesse, si la machine est tombée dans cet état de délabrement, qu'il n'y ait que peu ou point d'espérance à concevoir de l'action des meilleurs remedes, alors les bains froids, pris avec précaution, & à quelques jours d'intervalle, tandis qu'on fait usage des eaux de la Géronstere, operent des cures merveilleuses, & qui ne peuvent s'obtenir que par cette heureuse combinaison.

CHAPITRE XI.

Des plaisirs différents que l'on goûte à Spa.

Ille terrarum præter omnes angulus ridet.

HORAT. Od. VI. L. II.

Ce seroit se former une idée fausse de Spa tel qu'il est aujourd'hui, de s'imaginer que ses eaux, qui attirent tant de malades chaque saison, dussent aussi le rendre le lieu du monde le plus triste & le moins propre à favoriser les plaisirs qu'on viendroit y chercher. Loin d'être un endroit qui attriste par le spectacle affligeant de l'humanité souffrante, Spa est bien plutôt celui où l'on goûte les plaisirs les plus vrais & les plus variés.

Depuis l'établiſſement des Redoutes, le nombre des perſonnes qui viſitent ce Bourg célebre, s'eſt accru prodigieuſement ; les infirmes, qui étoient auparavant les ſeuls hôtes qu'on y connût, mêlés dans la foule, ſont preſque imperceptibles & n'influent en rien ſur la multitude. Emportés par le torrent, ils ne s'occupent de leur maladie qu'un inſtant avec leur Médecin, & pendant qu'ils prennent les eaux ; le reſte de la journée eſt conſacré au plaiſir, qui eſt le ſeul Dieu auquel on ſacrifie. Le bien qui réſulte de cet eſprit de diſſipation, ne peut s'apprécier, & il n'y a point à douter qu'il ne contribue autant que l'efficacité des eaux mêmes au prompt rétabliſſement de leur ſanté.

L'amour, le jeu, les bals, les assemblées & les spectacles absorbent tous les moments de l'étranger à Spa. A peine de retour des eaux, il lui tarde de voler au Vaux-Hall; bâtiment vaste & superbe, & qui le céderoit à peu de palais. La magnificence de ses salles, la beauté de sa situation le rendent le lieu le plus délicieux de l'endroit : placé entre les chemins de la Sauveniere & de la Géronstere qu'il sépare, il invite le malade qui revient de ces fontaines à y entrer; la foule qui s'y précipite, le décide : il y déjeûne, il y danse, il y joue; & telle est la magie de ce lieu enchanté, qu'il n'en bougeroit pas, si l'appétit, qui suit de près l'usage de nos eaux, ne l'avertiſſoit que ſon dîner l'attend.

A quelques inſtants de relâche qu'on lui accorde après dîner, & qui doivent être employés à la toilette, ſuccedent de nouveaux amuſements.

A cinq heures la belle promenade qui eſt au bas de Spa, eſt couverte de monde qui attend, en reſpirant le frais, l'heure du ſpectacle ou du bal. Ces divertiſſements ſe donnent alternativement un jour l'un, un jour l'autre, à la Redoute ou Maiſon d'aſſemblée, ainſi nommée, parce qu'on y tient toutes les aſſemblées qui ont lieu les jours de ſpectacle : les bals ſeuls ſe partagent avec le Vaux-Hall.

La Redoute eſt un bâtiment

magnifique, situé au centre du lieu : ses salles sont spacieuses & de la plus grande beauté. La salle des bals sur-tout, étonne par son étendue & la richesse de son architecture. C'est dans ces lieux, c'est à ces divertissements publics, qu'on peut se former une idée du nombre & de l'éclat des personnes qui s'y trouvent rassemblées. Unies par les nœuds d'une amitié qui s'établit à l'instant, & qui se fortifie par l'usage, toutes les nations du monde viennent y déposer toute rivalité nationale : le plaisir regne sur toutes, & n'en fait qu'un même peuple. Il semble, dit l'élégant Auteur des anciens amusements de Spa, que l'Europe entiere se trouve ici par députés, pour y expoſer les caracteres originaux de toutes les nations, que l'on auroit peine à démêler ailleurs.

Le jeu, cette paſſion dangereuſe quand elle eſt pouſſée à l'excès, n'a point les mêmes inconvénients à Spa que par-tout ailleurs. La ſageſſe du Gouvernement qui préſide à la police, a ſu, par de bonnes loix, mettre la fortune de l'étranger à couvert des entrepriſes des frippons & des pieges des chevaliers d'induſtrie.

Ces parties fines & ſecretes, ces jeux clandeſtins, où la franchiſe & la probité ne ſont que trop ſouvent la dupe de l'aſtuce & de la mauvaiſe foi, ſont prohibés, & les délinquants pourſuivis par l'Officier de Police, qui y eſt établi par le Prince pour y maintenir le bon ordre & veiller à la tranquillité publique.

Il n'est permis de jouer qu'aux Redoutes. La protection particuliere que Son Altesse leur a accordée, la bonne foi qui préside à ces jeux, illicites à la vérité, mais qui sont tolérés par-tout où il y a des eaux minérales, doit rassurer ceux qui viennent en courir les hasards, & éloigner de leur esprit toute idée de malversation & de surprise.

Il est encore d'autres objets qui peuvent occuper agréablement le loisir de l'étranger. Ceux qu'un esprit mûr & réfléchi éloigne de ces plaisirs bruyants & tumultueux, sont à même d'en goûter de plus tranquilles & peut-être plus innocents. Les bibliotheques établies par des Libraires qui s'y rendent de Liege, & chez qui on souscrit à un prix fort modique, peuvent remplir leurs instants par la lecture de livres qui plaisent & occupent peu. Les boutiques de l'Artiste, qui leur sont toujours ouvertes, peuvent contenter leur goût pour les arts, & dissiper par leur variété l'ennui de la solitude. Les chef-d'œuvres des Vernet, des Greuze, des Boucher; les Guirlandes des Vanhuisum, des Batiste, rendus avec goût & précision, seroient des ouvrages inestimables, si le vernis qui couvre toutes ces beautés, étoit plus solide & ne se gerçoit pas.

Il me reste à parler de deux Artistes célebres, qui auroient dû être nommés les premiers. L'un est Mr. le Chevalier de Fassin, Peintre sublime & vrai. C'est en gravissant sur nos rochers escarpés, c'est en s'abandonnant à l'horreur des précipices que creusent les torrents, qu'il dérobe à la nature ces teintes mâles & vigoureuses, ces idées hardies, ces sites bizarres & pittoresques qu'il rend avec tant d'élégance & de vérité dans les chef-d'œuvres qu'il produit avec une fécondité étonnante.

L'autre est Mr. Xhrouët, digne Emule du fameux Plumier. Ses talents dans l'art de tourner, l'ont rendu célebre; & c'est à eux qu'il doit la gloire d'avoir eu les plus grands

grands Princes de l'Europe pour éleves dans cet art délicat. Il l'exerce encore à l'âge de ſoixante & onze ans, & ſon tour fait éclorre chaque jour des prodiges de goût & de délicateſſe.

Les environs de Spa fourniſſent des promenades agréables & inſtructives. Par-tout on y voit les colons de cette terre infertile lutter contre les rigueurs de la nature & l'âpreté du climat.

Vervier ſur-tout mérite d'être vu. Cette Ville, belle & riche, & la plus conſidérable après la Capitale, doit ſa ſplendeur à l'induſtrie & au travail de ſes habitants. Ses draps, dont il ſe fait des envois conſidérables dans toutes les parties du monde, égalent aujourd'hui ce que l'Angleterre & la Hollande peuvent fournir de plus parfait en ce genre. Elle eſt ſituée au Nord de Spa, dont elle n'eſt éloignée que de trois lieues : une chauſſée magnifique que ſon Magiſtrat a fait conſtruire, & qui vient aboutir à Theux, en rend l'accès facile de ce côté.

Malmedi, petite ville du pays de Stavelot, ſituée à l'Eſt & à trois lieues de Spa, mérite auſſi l'attention de l'étranger. Entourée, preſſée par des rochers arides & eſcarpés, environnée de landes incultes & ſauvages, elle a ſu vaincre toutes les oppoſitions que la nature mettoit à ſon agrandiſſement & à ſa fortune. Ses Négociants qui vont chercher à Cadix

& dans d'autres Ports éloignés des quantités confidérables de cuirs que fournit l'Amérique, ont rendu cette petite ville le centre d'un commerce fort étendu. Sa Tannerie eſt la plus belle de l'Europe.

Stavelot, Capitale du Pays, le cede en richeſſes & en grandeur à ſa rivale. Elle n'a rien de particulier & qui ſoit digne d'attention que ſon Monaſtere, dont les Religieux ſuivent la regle de ſaint Benoît, & dont l'Abbé eſt Prince Souverain.

Theux, Chef-Ban du Marquiſat de Franchimont, eſt ſitué à l'Oueſt de Spa, dont il eſt éloigné d'une petite lieue & demie. La grande & belle chauſſée qui conduit de Liege à Spa, le traverſe.

Il eſt renommé par ſes Forges, dans leſquelles on exploite les mines de fer que le pays fournit, & qui ſont très-abondantes : c'eſt dans ce lieu qu'on tiroit le plus beau marbre noir du pays : cette carriere eſt abandonnée.

La Caſcade du Coo eſt encore un objet qui pique la curioſité de l'étranger, & lui fait franchir les difficultés d'un chemin bizarre & périlleux. La route, dit l'Auteur des anciens amuſements de Spa, en eſt rude, étant ſur une montagne toute pierreuſe. Elle eſt d'ailleurs ſi étroite dans quelques endroits, qu'il n'y a pas un pied de terrein au-delà de l'orniere : d'où on pourroit culbuter dans un vallon fort profond, ſi elle n'étoit point bordée d'arbrisseaux, comme elle l'eſt preſque par-tout, qui garantiſſent du précipice, & en dérobent à la vue une partie. Cependant ces vuides qui ſe font appercevoir de temps en temps, découvrent le fond du vallon, qui inſpire une horreur ſecrete, dont on ne peut ſe défendre qu'en bonne compagnie. L'attention d'ailleurs eſt ſuſpendue par l'impatience de voir la caſcade dont on entend le bruit de fort loin. Cette caſcade qui mérite d'être vue, ſe forme de l'amas des eaux, qui s'écoulent de toutes les montagnes plus élevées, & forment en cet endroit un torrent aſſez large. Il ſe fend en deux bras contre une pointe de roc, qui le diviſe, & autour duquel il s'eſt formé deux lits. On a pratiqué ſur chacun d'aſſez mauvais ponts de bois, couverts de branchages, de rocailles & de terre. Ces ponts ne ſont guere aſſurés: le bruit de l'eau, qui coule deſſous, & ſur-tout celui de ſa chute, impriment une certaine frayeur qui fait douter de la ſûreté de ces ponts. Ce bruit redouble après les groſſes pluies, qui ont enflé le torrent & augmentent la beauté de la chute. Il eſt effrayant, ſur-tout, quand il fait beaucoup de vent, qui éleve des bouillons de cette eau irritée, un nuage de pluie fine, qui couvre tous les environs.

L'un des deux torrents eſt beaucoup plus fort & plus rapide que l'autre. Chacun paroît former diverſes chutes à cauſe des inégalités du rocher, le long duquel ces eaux ſe précipitent. Mais cette inégalité fait le plaiſir de la vue en offrant une infinité de caſcades particulieres, ou de petites nappes d'eau infiniment plus belles que celles qu'on imite par l'art. Ce torrent tombe de fort haut & fait une des belles caſcades de l'Europe. Il forme au pied du roc une eſpece de lac, qui s'écoule dans la petite riviere d'Ambleve, où l'écume qu'il forme par ſa chute, eſt portée à un quart de lieue de là. Cette eau ſert à faire tourner les roues d'un moulin, qui eſt au bas du roc; & la maiſon du meûnier eſt la ſeule habitation qu'on voie dans cet endroit ſauvage.

ERRATA.

P*Age* 5, *ligne* 8, prévenu, *liſez* prévu.

Page 27, *ligne* 14, Boiſſonnier, *liſez* Poiſſonnier.

Page 40, *en titre*, minéraliſſent, *liſez* minéraliſent.

Page 53, *ligne* 8, diaphanéite, *liſez* diaphanéité.

Page 117, *ligne* 4, échauboulures, *liſez* échaubrulures.

Page 128, *ligne derniere*, dont l'effet eſt toujours ſûr, *ajoutez* & l'efficacité.

Page 152, *ligne* 19, qu'elles, *liſez* qu'ils.

Page 168, *ligne* 5, il ne reſte à la fibre, *liſez* il ne reſte de force à la fibre.

Page 189, *ligne* 18, prohibés, *liſez* prohibées.

TABLE
DES CHAPITRES

Contenus dans ce Livre.

CHAPITRE I. *De l'utilité des Eaux minérales en général*, page 1

CHAP. II. *Situation de Spa, nombre & ancienneté de ſes Fontaines, leur célébrité*, 13

CHAP. III. *De l'origine des Fontaines minérales de Spa, & des principes qui les minéraliſent*, 40

CHAP. IV. *Traité ſuccint ſur la nature & les cauſes des maladies chroniques*, 65

CHAP. V. *De l'action des Eaux minérales ſur le corps humain*, 77

CHAP. VI. *Des préparations qui doivent précéder l'uſage de nos Eaux minérales*, 119

CHAP. VII. *Regles de conduite que l'on doit ſuivre pendant la cure des Eaux,* 131

CHAP. VIII. *De la néceſſité de l'exercice,* 167

CHAP. IX. *Des légeres incommodités qui peuvent ſurvenir pendant l'uſage de nos Eaux minérales & des remedes qui leur ſont propres,* 171

CHAP. X. *Des remedes qui doivent quelquefois accompagner l'uſage des Eaux minérales en qualité de ſubſidiaires,* 180

CHAP. XI. *Des plaiſirs différents que l'on goûte à Spa,* 184